Johann Wilhelm Schaefer

Tabellen zur Geschichte der deutschen Literatur

Johann Wilhelm Schaefer

Tabellen zur Geschichte der deutschen Literatur

ISBN/EAN: 9783743688636

Hergestellt in Europa, USA, Kanada, Australien, Japan

Cover: Foto ©ninafisch / pixelio.de

Weitere Bücher finden Sie auf www.hansebooks.com

Tabellen
zur
Geschichte der deutschen Literatur.

Zum Gebrauch in höheren Unterrichtsanstalten

bearbeitet

von

Dr. Johann Wilhelm Schaefer.
Professor.

Zweite, verbesserte Auflage.

Altona.
Haendcke & Lehmkuhl.
1869.

Vorrede zur zweiten Auflage.

Da die Grundsätze, welche mir bei der Bearbeitung der Literaturtabellen als Richtschnur dienten, den Beifall der Kritik gefunden haben und sich im Gebrauche beim Unterricht bewährt zu haben scheinen, so konnte ich nicht veranlaßt sein, daran im Wesentlichen zu ändern. Die Hauptsache war, die in die Literatur eingreifenden Männer nach ihrem ersten Auftreten und somit nach dem ersten Erscheinen ihrer Hauptwerke oder der ersten Sammlung ihrer Dichtungen so zusammenzustellen, daß damit der Faden der historischen Entwickelung, also die Verbindung der äußern und innern Geschichte der Literatur anschaulich gemacht werde. Indem sonach bei einer jeden literarischen Persönlichkeit die Jahre einflußreicher Productivität in den Vordergrund treten, konnte den Zahlen der Geburts = und Todesjahre, auf deren genaue Registrirung in unsern Hand= und Lehrbüchern und daher auch beim Unterricht allzu viel Werth gelegt wird, nur eine secundäre Wichtigkeit zugeschrieben werden. Um jedoch auch in dieser Hinsicht allen Wünschen gerecht zu werden, sind in der neuen Auflage auch diese Zahlen bei jedem einzelnen Namen im Register beigefügt, so daß auf den wenigen Bogen fast alle Zahlangaben vereinigt sind, die der Lehrer für nothwendig halten dürfte. Auf Genauigkeit in denselben ist die größte Sorgfalt gewandt; überall sind die zuverlässigsten

Quellen zu Rathe gezogen; einzelne Abweichungen von den gewöhnlichen Angaben wolle man daher nicht schon deshalb für unrichtig halten.

Somit übergebe ich diese Tabellen aufs neue der Oeffentlichkeit mit dem Wunsche, daß sie eine freundliche Beurtheilung finden und zur Förderung des Studiums der Literaturgeschichte beitragen mögen.

Bremen, den 3. März 1869.

J. W. Schaefer.

Erster Abschnitt.

Die ältere Zeit.

x — ca. 1500.

I. Ausbildung der deutschen Mundarten zur Schriftsprache neben dem Lateinischen. Uebergewicht des Althochdeutschen.

x — ca. 1150.

Literatur.	Gleichzeitige politische und culturhistorische Ereignisse.
In der heidnischen Zeit gestaltet sich eine Götter- und Heldensage, aufbewahrt in Volksliedern. Runenschrift. 348—388 Ulfila, Bischof der Westgothen an der untern Donau: gothische Bibelübersetzung. Feststellung des gothischen Alphabets. Im Zeitalter der Wanderungen erhalten die deutschen Heldensagen ihre weitere Ausbildung. Sagenkreise: fränkische, burgundische, gothische, longobardische Sagen.	c. 250 Deutsche Völkerbündnisse: Gothen, Franken, Alemannen, Sachsen, Longobarden ꝛc. 375 Einfall der Hunnen in Europa. Große Völkerwanderung. Das Christenthum verbreitet sich bei den germanischen Völkern. 436 Attila zerstört das Reich der Burgunder zu Worms (König Günther). 449 Sachsen und Angeln in Britannien (König Arthur † 537). 451 Attila's Niederlage in der catalaunischen Ebene. c. 500 Ostgothisches Reich in Italien unter Theoderich dem Großen (Dietrich). Fränkisches Reich in Gallien unter Chlodwig. 555 Untergang des ostgothischen Reichs. 568 Longobardenreich unter Alboin in Oberitalien.

Scharfe's Literaturtabellen.

Literatur.	Gleichzeitige Ereignisse.
c. 600 **Ausbildung althochdeutscher Mundarten** (fränkische, bayrische, alemannische). **Glossarien**.	c. 600 Papst Gregor der Große. Christenthum bei den Angelsachsen. Britische Missionäre in Deutschland (Columban, Gallus). Bethans St. Gallen.
c. 700 **Beowulf**, anglisches Epos. Sagenpoesie im germanischen Norden (die ältesten Lieder der Edda.)	714—741 Karl Martell, Majordomus des Frankenreichs. Siege über die Araber.
	716 Bonifacius (Winfried) Apostel der Deutschen (Kloster Fulda), † 755 als Erzbischof von Mainz.
c. 750 **Althochdeutsche Uebersetzungen der Geistlichen**: Uebersetzung von Isidor's Schrift de nativitate domini; Kero's (zu St. Gallen) Interlinearübersetzung der Regel des heil. Benedict. Glaubensbekenntnisse und Gebetsformeln.	741—768 Pipin der Kurze, Majordomus, seit 752 König des Frankenreichs. Züge der Franken nach Italien.
	768—814 Karl der Große.
	773—804 Unterwerfung und Bekehrung der Sachsen.
	774 Ende des Reichs der Longobarden. Fränkische Herrschaft in Italien.
	778 Karl's Heerfahrt nach Spanien. Roland † bei Ronceval.
c. 800 **Aufzeichnung des Hildebrandliedes** (alliterirend). Das **Wessobrunner Gebet**. Uebersetzungen lateinischer Kirchenhymnen.	800 Karl römischer Kaiser. Kloster- und Domschulen (Alcuin zu Tours, Hrabanus Maurus zu Fulda). Förderung deutscher Sprache (Sammlung deutscher Heldenlieder) neben romanischer Bildung (die Geschichtschreiber Paulus Diaconus und Einhart).
c. 830 **Heliand**, altsächsische (altniederdeutsche) Evangelienbearbeitung (alliterirend).	814—840 Ludwig der Fromme. Ansgar, „der Apostel des Nordens", Erzbischof von Hamburg und Bremen, † 865.
842 **Schwur der Brüder Ludwig und Karl zu Straßburg** (deutsch und romanisch).	841. 842 Krieg der Söhne Ludwigs.
	843 Theilungsvergleich zu Verdun. Einfälle der Normannen.
c. 850 **Gedicht vom jüngsten Tage (Muspilli)**, alliterirend. Prosaübersetzung der Evangelienharmonie des Ammonius (Tatian).	843—876 Ludwig der Deutsche.
	863 Trennung der römischen und griechischen Kirche.
868 **Otfried's** (Mönchs zu Weißenburg) Evangelienbuch, strophisch und mit End-	870 Lothringen wird zwischen dem deutschen und westfränkischen Reiche getheilt.

— 3 —

Literatur.	Gleichzeitige Ereignisse.
reimen. Gleichzeitig: die ältesten deutschen Leiche: auf den heiligen Petrus, Christus und die Samariterin, der 138. (139.) Psalm. c. 880 Blüthe der angelsächsischen Literatur. Alfred's Dichtungen und Prosaschriften. 881 Ludwigslied: Leich auf den Sieg Ludwigs III., Königs der Westfranken, über die Normannen bei Saucourt in Vimeu.	871—901 Alfred der Große, König von England. 884—887 Karl der Dicke, Herr des gesammten Frankenreichs. 887—899 Arnulf König der Deutschen. 899—911 Ludwig das Kind. Einfälle der Magyaren. 911—918 Konrad I. 919—936 Heinrich I. der Sachse. Unterwerfung und Bekehrung der Wenden. Slaven und Böhmen. Sieg über die Magyaren [bei Merseburg] 933. 936—973 Otto I. (d. Große): 951 König von Italien; 962 römischer Kaiser. Sein Bruder Bruno, Erzbischof von Köln.
c. 980 Lateinische Hof- und Klosterdichtung. Komödien nach Terenz von der Nonne Hroswitha. Deutsche Heldensage in lateinischer Form (Ekkehard's Walther von Aquitanien). Die Thiersage in Mönchspoesieen mit satirischer Tendenz. c. 1000 Notker (Labeo), Vorsteher der Schule zu St. Gallen († 1022) „Teutonicus": Uebersetzungen der Psalmen mit Erklärungen und gelehrter Schriften des Boethius und Marcianus Capella. Deutsche Uebersetzerschule zu St. Gallen.	973—983 Otto II. Romanische Hofbildung. Bischof Pilgrim v. Passau († 991), Freund deutscher Sagenpoesie. 983—1002 Otto III. „mirabilia mundi". Gerbert (Silvester II. 999—1003). 1002—1024 Heinrich II. Ende des sächsischen Kaiserhauses. 1024—1039 Konrad II. Fränkisches Kaiserhaus. 1039—1056 Heinrich III. Reform der Geistlichkeit.
c. 1060 Williram (Mönch zu Fulda, † 1085 als Abt zu Ebersberg in Bayern) übersetzt und erklärt das Hohelied. c. 1070 Bruchstück einer Weltbeschreibung („Merigarto"). Deutsche Predigten.	1056—1106 Heinrich IV. Sachsenkrieg. Streit zwischen Kaiser und Papst (Gregor VII. 1073—1085). Cölibat der Geistlichen. Ausdehnung des Mönchswesens. Scholastische Philosophie in Frankreich (Paris Hauptsitz).

— 4 —

Literatur.	Gleichzeitige Ereignisse.
	1096—99 Erster Kreuzzug. Aufstreben der Städte. Ritterwesen (Johanniterorden 1113; Templerorden 1128).
c. 1120 Bearbeitungen mosaischer und evangelischer Geschichten. Die Klausnerin Ava: vom Leben Jesu, vom Antichrist und vom jüngsten Tage.	1106—1125 Heinrich V. Ende des Investiturstreites (Wormser Concordat 1122).
	1125—1137 Lothar der Sachse. Fortschritte deutscher Cultur zwischen Elbe und Oder (Albrecht der Bär in Brandenburg, Konrad von Wettin in Meißen).

II. Mittelhochdeutsche Literatur. Nationalepos und höfische Ritterdichtung.

ca. 1150 — ca. 1300.

Literatur.	Gleichzeitige Ereignisse.
c. 1150 Kaiserchronik. Lied auf den heiligen Anno (Hanno). Ascetische Dichtungen und Legenden. Epik der Geistlichen und der „Fahrenden".	1137—1152 Konrad III. der Hohenstaufe.
1172 Leben der Maria von Wernher (Mönch zu Tegernsee?)	1147—1149 Zweiter Kreuzzug. Das Kreuz an der Ostsee (Heinrich der Löwe). Deutsche Cultur in Schlesien.
c. 1175 Herzog Ernst. König Rother. Salman und Morolt. Rolandslied vom Pfaffen Konrad. Alexander vom Pfaffen Lamprecht. Uebergang der Poesie von den Geistlichen auf die abligen Laien. Reinhart Fuchs von Heinrich dem Glicheser. Tristan von Eilhart von Oberge. Lyriker: Dietmar von Aist (Eist), der Kürenberger.	1152—1190 Friedrich I. (Barbarossa). Blüthe provençalischer Poesie. Französische Romane von König Artus und dem heiligen Graal.
	1158 Beatrix von Burgund mit Friedrich I. vermählt.
	1168 Mathilde von England mit Heinrich dem Löwen vermählt.
1184—90 Heinrich von Veldeke beendigt die Aeneide (größtentheils schon vor 1175 verfaßt). Höfische Lyrik. Ausbildung der süddeutschen Mundarten als Dichtersprache: das Mittelhochdeutsche.	1184 Großes Ritterfest zu Mainz.

— 5 —

Literatur.	**Gleichzeitige Ereignisse.**
c. 1190 Die Lyriker (Minnesänger): Friedrich von Hausen, Kaiser Heinrich VI., Heinrich von Rugge, Heinrich von Morungen, Reinmar (der Alte).	1189—1192 Dritter Kreuzzug. Stiftung des deutschen Ritterordens.
c. 1195 Lanzelot von Ulrich von Zetzighofen. Erek von Hartmann von Aue. Die Klage.	1190—1197 Heinrich VI. 1190—1216 Hermann, Landgraf zu Thüringen. Sängerstreit auf der Wartburg.
c. 1200 Der heilige Gregorius, der arme Heinrich, das Rittergedicht Jwein (jüngstes Werk) von Hartmann von Aue. Lieder von Hartmann und Walther von der Vogelweide.	1197—1208 Kaiser Philipp (von Schwaben). Gegenkönig: Otto IV. der Welfe, † 1218.
c. 1210—20 Das Nibelungenlied (der Nibelunge Not), mehrmals überarbeitet. Parzival und Bruchstücke des Titurel von Wolfram von Eschenbach. Tristan von Gottfried von Straßburg. Wigalois von Wirnt von Gravenberg. Ovids Verwandlungen von Albrecht von Halberstadt.	1215—1250 Kaiser Friedrich II. 1198—1230 Leopold VII. Herzog von Oesterreich. 1209 (1223) Franciscanerorden.
1216 Der wälsche Gast, Lehrdichtung von Thomasin von Zerkläre (aus Friaul).	1216 Dominicaner (Bettelmönche); Albigenserkriege und Sinken der provençalischen Poesie.
c. 1220 Das Lied von der Gudrun. Wolfram von Eschenbach: der heilige Wilhelm. Flore und Blanscheflur von Konrad Flecke.	1227 Der deutsche Orden beginnt den Kampf in Preußen. 1228 Kreuzzug Friedrichs II.
c. 1230 Barlaam und Josaphat, der gute Gerhard von Rudolf von Ems. Der Striker: Daniel von Blumenthal, der Pfaffe Amis, „Beispiele". Freidanks Bescheidenheit. Winsbele und Winsbekin (Lehrdichtungen). Die Lyriker: Nithart (Neidhart), Otto von Botenlauben (Otto IV., Graf von Henneberg), Christian von Hamle, Ulrich von Singenberg, Gottfried von Nifen (Neifen), Ulrich von Winterstetten, Reimmar von Zweter.	1230—1246 Friedrich der Streitbare, letzter babenbergischer Herzog von Oesterreich. 1235 Reichstag zu Mainz. Landfriede. 1239 Friedrich II. im Bann. 1245 Friedrich II. von Innocenz IV. auf dem Concil zu Lyon abgesetzt. Gegenkönige: Heinrich Raspe von Thüringen († 1247), Wilhelm von Holland († 1256).
c. 1250 Bearbeitungen des Alphart, Ortnit, Hugdietrich, Wolfdietrich, des großen Rosengartens, König Laurin (der kleine Rosengarten), größtentheils aus dem Kreise der Dietrichsagen.	1247—1253 Bund rheinischer Städte. Anfang der Zerrüttung Deutschlands während des Interregnums.

Literatur.	Gleichzeitige Ereignisse.
Reinaert in flämischer Mundart. Wilhelm von Orleans, Alexander, Weltchronik von Rudolf von Ems. Oestreichische Chronik von Johann dem Enenkel. Kaiser Eraclius von Otte. Der heilige Georg von Reinbote von Dorn (Dürn). Konrads von Würzburg Legenden und kleinere Erzählungen (Alexius, Silvester, Engelhard, Otto mit dem Barte). Lyriker: der Marner, der Tanhuser, Konrad von Würzburg, Ulrich von Liechtenstein ("Frauendienst" 1255). Sachsenspiegel und Schwabenspiegel (Landrechte). Uebersetzung und deutsche Abfassung der Stadtrechte. Niederdeutsche Prosachroniken. Predigten des David von Augsburg und Berthold (Lech?) von Regensburg.	1250—54 Konrad IV., letzter hohenstaufischer Kaiser. Manfred, König von Sicilien, umgeben von deutschen Sängern. 1253—1278 Ottokar, König von Böhmen, fördert deutsche Sitte und Sprache im Osten. Macht des deutschen Ordens in den Ostseeländern. 1268 Konradin † zu Neapel. Ende des hohenstaufischen Hauses. Blüthe germanischer Baukunst (Erwin von Steinbach † 1318).
c. 1270 Konrad von Würzburg: der trojanische Krieg; die goldene Schmiede (Lobgesang auf die heil. Jungfrau). Wernher der Gartenäre: Meier Helmbrecht (Dorfgeschichte). Gottfried Hagen's Reimchronik von Cöln. Eckenlied, Siegenot in der "Berner Weise" (einer dreizehnzeiligen Strophe). Lyriker: Konrad von Landeck, Herzog Heinrich IV. von Breslau, Markgraf Otto IV. von Brandenburg.	1273—1291 Rudolf I. (von Habsburg). Schwäche des deutschen Reichs durch das Streben nach kaiserlicher Hausmacht und die Uebergriffe der Hierarchie. 1278 Schlacht auf dem Marchfelde. Ottokar †. Das Herzogthum Oestreich beim Hause Habsburg. 1291—1298 Adolf (von Nassau).
c. 1300 Lyriker: Johann Hadlaub, Heinrich von Meißen (Frauenlob), Regenbogen, Fürst Wizlav von Rügen. Reimchroniken des Ottokar [von Horneck]. Liebländische Reimchronik. Der Renner des Hugo von Trimberg, Apollonius von Tyrland von Heinrich von der Neuenstadt. Anfänge dramatischer "Spiele" (Mysterien) in deutscher Sprache.	1298—1308 Albrecht I. (von Oestreich). 1305 Papstthum zu Avignon unter französischer Suprematie. 1307 Anfänge der Schweizer Eidgenossenschaft.

III. Didaktisch-bürgerliche Poesie. Selbstständigkeit der Prosa.
ca. 1300 — ca. 1500.

Literatur.	Gleichzeitige Ereignisse.
✓ c. 1320 Leben des heiligen Ludwig von Thüringen, nach dem Lateinischen: älteste hochdeutsche Prosachronik. Speculative Prosa der Mystiker: Meister Eckhard.	1308—1313 Heinrich VII. (von Luxemburg). Luxemburgisches Haus in Böhmen und Mähren. Dante Alighieri: la divina comedia.
c. 1330 „Der Edelstein" (100 Fabeln) des Ulrich Bonerius, Dominicanermönchs zu Bern. Das Schachzabelbuch des Konrad von Ammenhusen (1337). Hadamar von Laber: die Jagd (allegor. Minnegedicht).	1314—1347 Ludwig IV. (von Bayern). Gegenkönig: Friedrich von Oestreich († 1330).
c. 1340 Predigten und Erbauungsschriften von Johann Tauler, Dominicaner zu Straßburg, und Heinrich Suso, Dominicaner zu Constanz, dann zu Ulm: „Büchlein von der ewigen Weisheit." Uebersetzung der Evangelien von Matthias von Beheim, Mönch zu Halle.	1347 (1346)—1378 Karl IV. (König von Böhmen).
c. 1350 Die Mystiker Nicolaus von Straßburg, Heinrich von Nördlingen, Hermann von Fritzlar („Buch von der Heiligen Leben"). Konrads von Megenberg Buch der Natur nach dem Lateinischen (Heilkunde und Naturgeschichte). Uebersetzungen der Gesta Romanorum.	1348 Universität zu Prag. Der schwarze Tod. Flagellanten. „Gottesfreunde" und „Jünger der ewigen Weisheit". Kampf des deutschen Ordens gegen die heidnischen Litthauer. Heerfahrten nach Preußen. 1365 Universität zu Wien. Aufblühen der classischen Studien in Italien (Petrarca, Boccaccio). Die „Brüder des gemeinsamen Lebens", gestiftet durch Gert Groote zu Deventer.
✓ Prosachroniken: St. Gallische Chronik von Christian dem Küchenmeister, Lünburger Chronik von Johann Gansbein, Straßburger Chronik von Fritsche Closener (1362 vollendet).	
c. 1370 Heinrichs von Müglin Buch der Maide (allegorische Lehrdichtung). Spruchgedichte von Heinrich dem Teichner. Der Pfaff von Kalenberg von Philipp Frankfurter (Sammlung von Schwänken).	1378 Große Kirchenspaltung. 1378—1411 († 1419) Kaiser Wenzel. Gegenkönig: Ruprecht v. der Pfalz.
c. 1386 Halbsuters Lied auf die Sempacher Schlacht. Aufblühen des Volksliedes gegenüber dem kunstmäßigen Meistergesange der Singschulen. Schwänke und „Beispiele" (Fabeln und belehrende Erzählungen).	1386 Universität zu Heidelberg. Sieg der Schweizer bei Sempach. Blüthezeit der deutschen Städteverbindungen. Norddeutsche Hansa.

Literatur.	Gleichzeitige Ereignisse.

o. 1400 Lieder von **Hugo von Montfort**, **Oswald von Wolkenstein**, **Muscatblut**. Geistliche Lieder des Mönchs Johannes von Salzburg. **Peter Suchenwirt**: Spruchgedichte, geschichtliche Reimgedichte und Wappenbeschreibungen. **Hans von Bühel**: die Königstochter aus Frankreich, das Leben Diocletian's oder das Buch von den sieben weisen Meistern. Gleichzeitig: Salomon und Marfolf (Morolf). **Jacob Twinger von Königshofen**: elsässische Chronik.

1409 Kirchenversammlung zu Pisa. Universität zu Leipzig.

1411 **Konrad Vintler's** „Blume der Tugend".

1411—1437 Kaiser Sigismund.
1414—1418 Kirchenversammlung zu Constanz. Ende der Kirchenspaltung. Huß und Hieronymus von Prag verbrannt.
1419—1433 Hussitenkrieg.

o. 1430 Deutsche Bearbeitungen von **Mandeville's** orientalischer Reise.

1437—1439 Kaiser Albrecht II.

c. 1440 Wälsche Prosaromane und Novellen in Uebersetzungen: Lother und Maller, Pontus und Sidonia, Fierabras; später: Fortunatus, Melusine, Kaiser Octavianus, die Haimonskinder, Magellone. — **Volksbücher**. **Heinrich von Laufenberg**: Spiegel menschlichen Heils („menschlicher Behaltniß"), Buch der Figuren.

1440—1493 Kaiser Friedrich III.
1431—1449 Kirchenversammlung zu Basel. Vergebliche Reformversuche. Aeneas Sylvius Piccolomini wirkt für die classischen Studien.
1449. 50 Der große Städtekrieg (Nürnbergs Sieg bei Hempach). Auflösung der Städteverbindungen.

o. 1450 Schwänke und Fastnachtsspiele der Nürnberger **Hans Rosenblut** und **Hans Folz**. Rosenblut's Gedicht auf den Sieg bei Hempach. Der Meistersänger **Michael Beheim**. **Hermanns von Sachsenheim** allegorisches Gedicht die Möhrin.

1450 Erfindung der Buchdruckerkunst durch Johann Gutenberg. Gelehrte Griechen in Italien (platonische Philosophie).

c. 1466 Deutsche Bibeln (nach der Vulgata) gedruckt.

1458—1464 Aeneas Sylvius als Papst Pius II. Päpstliche Reaction.

o. 1475 **Kaspar von der Roen**: das Heldenbuch (deutsche Heldensage), **Ulrich Fürterer** (Füterer): das Buch der Abenteuer (Artussagen und antike Sagen), **Johann von Soest**: Margarete von Limburg und Gedichte

1476 Siege der Schweizer bei Granson und bei Murten über Karl den Kühnen von Burgund.

Litteratur.	Gleichzeitige Ereignisse.
aus dem Kreise der Karlssage: Malegis, Reinold, Ogier von Dänemark. Diebold Schilling's Berner Chronik, Peter Escherloer's Geschichten der Stadt Breslau. Orientalische Reisebeschreibungen. Otto's von Diemeringen Bearbeitung von Mandeville's Reise (daraus ein Auszug als Volksbuch). Veit Weber's Lieder auf die Kämpfe der Schweizer gegen die Burgunder. Lieder= bücher (Handschrift der Clara Häzlerin 1471). Uebersetzungen von Novellen durch Heinrich Steinhöwel zu Ulm, Nicolaus von Wyle und Albrecht von Eybe: Trac= tat: ob einem Manne sei zu nehmen ein ehe= lich Weib oder nicht; Spiegel der Sitten. Fortschritte deutscher Prosa.	1477 Maximilian mit Ma= ria von Burgund vermählt. Universität zu Tübingen.
c. 1480 Das Schauspiel „Babst Jutta" von Theoderich Schernberg.	1484 Hexenprocesse in Deutsch= land.
Albrecht von Eybe übersetzt Lustspiele des Plau= tus, Hans Nythart zu Ulm Terenz' Eu= nuchen. Schwänke des Tyll Eulenspiegel.	1486 Maximilian römischer Kö= nig und Mitregent. 1487 Konrad Celtes, gekrönter Dichter.
1494 Sebastian Brant's (zu Straßburg) Narrenschiff.	1492 Entdeckung der neuen Welt.
1498 Reinete Vos (niederdeutsch). 1498. 1499 Johann Geiler von Kaisers= berg, Prediger zu Straßburg, hält Predig= ten über Brant's Narrenschiff.	1493—1519 Maximilian I. Classische Studien durch Konrad Celtes, Johann Reuchlin, Erasmus von Rotterdam gefördert. Ul= rich's von Hutten Epistolae obscurorum viro= rum. Deutsche Kunst: Albrecht Dürer, Lucas Cranach, Hans Holbein, Peter Vischer.
1512 Thomas Murner's Narrenbeschwörung und Schelmenzunft. Weißkunig und Teuer= dank (Maximilian) (gedruckt 1517).	1502 Universität zu Witten= berg.

Zweiter Abschnitt.

Die neuere Zeit.

c. 1517 bis zur Gegenwart.

I. Von Luther bis auf Opitz.
1517—1624.

Ausbildung der neuhochdeutschen Prosa. Volks- und Kirchenpoesie neben lateinischer Kunstpoesie.

Literatur.	Gleichzeitige politische und culturhistorische Ereignisse.
1517 Martin Luther (geb. 1483), Sermon vom Ablaß und Gnade. (Die 95 Thesen.)	1517 Beginn der Reformation. Luther zu Wittenberg wider den Ablaß.
1518 Schimpf und Ernst vom Barfüßermönch Johannes Pauli.	1519 Huldrych Zwingli Prediger zu Zürich.
	1519—1556 Kaiser Karl V.
1520 Luther: an den christlichen Adel deutscher Nation von des christlichen Stands Besserung. Ulrich von Hutten: Klag' und Vermahnung gegen die übermäßige unchristliche Gewalt des Papstes zu Rom und der ungeistlichen Geistlichen. — „Ich hab's gewagt!" Niclaus Manuel's (zu Bern) Fastnachtsspiele (Satire gegen das Papstthum).	1520 Luther im Bann. 1521 Luther auf dem Reichstage zu Worms. Wormser Edict. Luther auf der Wartburg. Anfang der französisch-italienischen Kriege.
1522 Luther's Uebersetzung des Neuen Testaments. Johann Turnmayr von Abensberg (Aventinus) Bayerscher Chronikon (deutscher Auszug der Annales).	1522 Schwärmerparteien in Sachsen. Luther zurück nach Wittenberg.
1523 Luther beginnt die Verdeutschung des Alten Testaments (Bücher Mosis und historische Bücher). Zwingli's „Glaubensartikel". Hans Sachs: die wittenbergische Nachtigall.	

Literatur.	Gleichzeitige Ereignisse.
1524 Luther an die Rathsherrn aller Städte deutsches Lands, daß sie christliche Schulen aufrichten und halten sollen. Erste Sammlung der Kirchenlieder Luthers. Hiob und Psalmen verdeutscht.	1524. 25 Bauernkrieg. Regensburger Bündniß katholischer Landesherrn. Luther's Ehe, Aufhebung des Cölibats bei den Evangelischen. Albrecht von Brandenburg Herzog von Preußen (1525).
1526 Luther beginnt die Uebersetzung der Propheten.	1526 Ferdinand v. Oestreich erbt die böhmisch-ungarische Krone. Sultan Soliman erobert Ungarn. Erster Reichstag zu Speyer (das Wormser Edict suspendirt). Hessische Kirchenordnung.
1527 Luther's Kirchenpostille. Hans Sachs Tragödie: Lucretia.	1527 Rom durch die Kaiserlichen geplündert. Sächsische Kirchenvisitation. Universität zu Marburg.
1528 Albrecht Dürer's vier Bücher von menschlicher Proportion.	
1529 Luther's großer und kleiner Katechismus. Johann Agricola's Sprichwörter mit Auslegung.	1529 Zweiter Reichstag zu Speyer. Protestation der evangelischen Fürsten und Städte gegen den Reichstagsabschied. Soliman vor Wien.
1530 Melanchthon's Augsburgische Confession. Hans Sachs Tragödie Virginia; seitdem zahlreiche Tragödien, Komödien, Fastnachtsspiele und Schwänke; † 1576.	1530 Reichstag zu Augsburg. Confession der Evangelischen. Schmalkaldisches Bündniß.
1531 Sebastian Franck's Chronica, Zeitbuch. Züricher Bibel.	1531 Zwingli † in der Schlacht bei Cappel.
1532 Luther beendigt die Uebersetzung der Propheten. Turnmayr vollendet seine bayersche Chronik (hgg. 1566).	1532 Nürnberger Religionsfriede.
1533 Luther's Ausgabe seiner Kirchenlieder. Gleichzeitig Kirchenlieder von Paul Speratus (von Spretten), Nicolaus Decius, Justus Jonas, Paul Eber, Michael Weiße.	1533 Reformation in Würtemberg.
1534 Luther's Ausgabe der vollständigen Bibelübersetzung (Revision 1541). Bugenhagen's niederdeutsche Bibel.	1534. 35 Wiedertäufer in Münster.
1535 Paul Rebhun's Susanna zu Zwickau aufgeführt. Lateinische und deutsche Schulkomödien (Joachim Greff zu Dessau, Pamphilus Gengenbach zu Basel u. Anb.).	

Literatur.	Gleichzeitige Ereignisse.
✓ 1538 Sebastian Frank's Germaniae chronicon (1539: Germania. Von des ganzen Teutschlands, aller teutschen Völker Herkommen ꝛc.).	
✓ Aegidius Tschudi's (zu Glarus) Rhätia; (dessen Schweizerchronik reicht bis 1570).	
1539 Erste Sammlung von Luther's Werken.	1539 Reformation in Brandenburg und im Herzogthum Sachsen.
	1540 Jesuitenorden. Erster index librorum prohibitorum.
1541 Sebastian Frank's Sprichwörter.	1541 Religionsgespräch zu Regensburg. Calvin Reformator zu Genf.
	1543 Fürstenschulen zu Meißen und Pforta. Copernicus †.
1544 Sebastian Münster's Cosmographie.	1544 Universität zu Königsberg.
	1545 Tridentiner Kirchenversammlung.
	1546 Luther †. Krieg des schmalkaldischen Bundes.
	1547 Karl's V. Sieg bei Mühlberg. Moritz Kurfürst von Sachsen.
1548 Burkard Waldis, Esopus ganz neu gemacht ꝛc.	1548 Augsburger Interim. Universität zu Jena.
1550 Erasmus Alberus, Buch von der Tugend und Weisheit, nämlich XLIX Fabeln ꝛc.	
c. 1550 Kirchenlieder von Erasmus Alberus, Nicolaus Hermann, Johann Mathesius. Psalter in Reimen von Burkard Waldis (1553).	c. 1550 Umbildung der französischen Lyrik durch Ronsard und seine Freunde. Rabelais' satirischer Roman Gargantua.
	1552 Moritz gegen Karl V. Passauer Vergleich.
	1555 Augsburger Religionsfriede.
1557 Georg Wickram's Rollwagenbüchlein und Goldfaden.	1556—1564 Kaiser Ferdinand I.
1558 Erste Ausgabe der Gedichte des Hans Sachs.	1560 † Melanchthon.
1561? Amadis von Gallia übersetzt (Vorrede von 1569).	1563 Schluß des Tridentiner Concils. Calvinismus in der Pfalz durch Friedrich III. eingeführt (Heidelberger Katechismus).
1562 Johann Mathesius Bergpostilla oder Sarepta.	
1563 Hans Wilhelm Kirchhoff's Wendunmuth (Erzählungen).	
1571 Valentin Weigel, Prediger zu Tschopau im Erzgebirge: Bericht und Anleitung zur deutschen Theologie.	1564—1576 Maximilian II.

Literatur.	Gleichzeitige Ereignisse.
1572 **Johann Fischart**: aller Praktik Großmutter. **Paul Melissus-Schede**: Bearbeitung von funfzig Psalmen; erste Terzinen und Sonette.	1572 Pariser Bluthochzeit. Alba in den Niederlanden. Protestantische Flüchtlinge in Deutschland, Verbreitung des Calvinismus und französischer Bildung.
1573 **Ambrosius Lobwasser's** Bearbeitung der Psalmen (nach französischen Melodieen). Kirchenlieder von **Nicolaus Selnecker, Ludwig Helmbold, Philipp Nicolai.**	
1575 **Fischart's** affenteurliche und ungeheurliche Geschichtschrift (1582: affenteurliche naupengeheurliche Geschichtsklitterung).	1575 Torquato Tasso's Epos: das befreite Jerusalem.
1576 **Fischart**: das glückhaft Schiff von Zürich; geistliche Lieder und Psalmen.	1576—1612 Rudolf II.
1577 **Fischart**: podagrammisch Trostbüchlein.	1577 Concordienformel. Verfolgung der Calvinisten in Sachsen.
1578 **Fischart**: philosophisch Ehzuchtbüchlein. Lob der Landlust (nach Horaz). **Johann Clajus** grammatica germanicae linguae.	
1579 **Fischart**: Bienenkorb des heil. römischen Immenschwarms ꝛc.	
1580 **Fischart**: Legende und Beschreibung des ꝛc. vierhörnigen Hütleins ꝛc. (wider die Jesuiten).	1582 Gregorianischer Kalender.
1585 **Bartholomäus Ringwaldt's** Lehrdichtung: die lautere Wahrheit.... wie sich ein weltlicher und geistlicher Kriegsmann in seinem Beruf verhalten soll; zugleich Kirchenliederdichter.	
1587 Aeltester Druck des Romans von **Faust.**	
1588 **Ringwaldt's** christliche Warnung des treuen Eckarts.	
c. 1590 **Peter Denaisius** deutsche Gedichte. Schul- und Volkskomödien von **Martin Hayneccius, Johann Stricker, Franz Omichius, Georg Mauritius** und Andern. **Ringwaldt's** Speculum mundi.	
1595 **Georg Rollenhagen's** Froschmäuseler oder der Frösch' und Mäuse wunderbare Hofhaltung.	
1597 Das **Lalenbuch** oder die Schildbürger.	
c. 1600 **Jacob Ayrer** zu Nürnberg: Komödien, Tragödien, Fastnachtsspiele, Singspiele. Englische Komödianten. Komödien des	c. 1600 Blüthe des Drama's in Spanien und England (Shakspeare 1564—1616). Marinisten in der Poesie der romanischen Völker (Marino † 1625).

Literatur.	Gleichzeitige Ereignisse.
Herzogs Heinrich Julius von Braunschweig.	Cervantes Don Quixote 1605.
1605 Johann Arndt's vier Bücher vom wahren Christenthum.	1608 Union der Evangelischen.
1612 Arndt's Paradiesgärtlein. Johann Valentin Andreä's christliche Gemäl. Jacob Böhme's Aurora (oder Morgenröthe im Aufgang, gedruckt 1634). Christoph Lehmann's Chronik der freien Reichsstadt Speyer.	1612—1619 Kaiser Matthias.
1613 Martin Rinckhart's Schauspiel: der eislebische christliche Ritter.	1613 Einführung des Calvinismus in Brandenburg.
1615 Frankfurter Journal, erste deutsche Zeitung.	
1616 Metrische Reformversuche von Ernst Schwabe von der Heyde. Alexandriner und Gesetz der Sylbenbetonung.	1617 Die fruchtbringende Gesellschaft oder der Palmenorden, gestiftet durch Ludwig von Anhalt.
1618 Georg Rudolf Weckherlin's Oden und Gesänge. Lazarus Sandrub: historische und poetische Kurzweil (Schwänke).	1618 Aufstand in Prag. Anfang des dreißigjährigen Kriegs.
1619 J. V. Andreä's geistliche Kurzweil. Uebersetzung der Lehrgedichte des Herrn von Bartas aus dem Französischen. Johann Köster's (genannt Neocorus) dithmarsche Chronik.	1619—1637 Kaiser Ferdinand II. Unterwerfung Böhmens (1620) und Unterbrückung der protestantischen Kirche.

II. Von Opitz bis zur Kritikerfehde der Leipziger und Schweizer.
1620—1740.

Gelehrtenpoesie. Nachahmung ausländischer Formen.

Literatur.	Gleichzeitige Ereignisse.
1621 Martin Opitz (geb. zu Bunzlau in Schlesien 1597): Trostgedicht in Widerwärtigkeit des Kriegs (hgg. 1633); Lobgesang Jesu Christi (nach Dan. Heinsius).	1620—1624 Der Krieg um die Pfalz; Heidelberg geplündert (die Bibliothek nach Rom). Lateinische und holländische Gelehrtenpoesie in den Niederlanden: Daniel Heinsius, Hugo Grotius, Jost van den Bondel (Drama).
1622 Opitz Lehrgedicht: Zlatna oder von der Ruhe des Gemüths; Schäferei von der Nymphe Hercinie.	

— 15 —

Literatur.	Gleichzeitige Ereignisse.
Julius Wilhelm Zinkgref's (zu Heidelberg) Vermahnung zur Tapferkeit oder Soldatenlob (hgg. 1632).	
1624 Opitz' Gedichte, erste Sammlung, besorgt von Zinkgref. Opitz' Bearbeitung der Sonn- und Festtagsepisteln in Reimen ("auf die Weisen der französ. Psalmen"). Opitz: Büchlein von der deutschen Poeterei. Erste schlesische Dichterschule.	
1625 Opitz verdeutscht Seneca's Trojanerinnen; gekrönter Dichter.	1625—1629 niedersächsisch-dänischer Krieg.
1626 Zinkgref's deutsche Apophthegmata. Opitz bearbeitet die Klaglieder Jeremiä und übersetzt Johann Barclay's satirischen Roman Argenis. Dietrich von dem Werder übersetzt den Tasso: Gottfried oder das erlösete Jerusalem.	1626 Sieg Tilly's bei Lutter am Barenberge. Albrecht von Wallenstein in Norddeutschland.
1627 Opitz bearbeitet das Hohelied Salomonis und die Oper Dafne nach dem Italienischen des Rinuccini.	
1628 Opitz in den Adelstand erhoben (Opitz von Boberfeld); Bearbeitung des Jonas nach Hugo Grotius.	1628 Wallensteins vergebliche Belagerung von Stralsund.
1629 Opitz: Vielgut oder vom wahren Glück. Mitglied der fruchtbringenden Gesellschaft.	1629 Restitutionsedict.
1630 Johann Heermann's Haus- und Herzmusica (geistliche Lieder); Sonntags- und Festevangelia.	1630 Gustav Adolf in Deutschland als Beschützer der Protestanten. Kepler †.
	1631 Magdeburg zerstört; Gustav Adolf siegt bei Breitenfeld.
1632 Dietrich von dem Werder: Ariosto Gesänge vom rasenden Roland.	1632 Gustav Adolf in Bayern. Wallensteins zweites Commando. Gustav siegt und fällt in der Schlacht bei Lützen.
1633 Weckherlin: des großen Gustav Adolfen Ebenbild. Seb. Wieland's Held von Mitternacht [Gustav Adolf]. Opitz' didaktisch-beschreibendes Gedicht Vesuvius.	1633 Bernhard von Weimar erobert Regensburg.
1634 Georg Philipp Harsdörffer (zu Nürnberg) übersetzt Lorebano's Schäferroman Dianea.	1634 Wallenstein ermordet. Niederlage Bernhards von Weimar bei Nördlingen.
1635 Theatrum europaeum oder Beschreibung aller denkwürdigen Geschichten.	1635 Prager Friede. Schwedisch-französischer Krieg in Deutschland. Richelieu stiftet die französische Akademie.

Literatur.	Gleichzeitige Ereignisse.
1636 Opitz' Uebersetzung der Antigone des Sophokles.	
1637 Opitz' poetische Wälder, letzte Sammlung seiner Gedichte. Bearbeitung der Psalmen. Paul Flemming's (Fleming) Reise nach Persien: „In allen meinen Thaten".	1637—1657 Kaiser Ferdinand III.
1638 Johannes Rist, Prediger zu Wedel im Holsteinischen: poetischer Lustgarten (worin dessen erste geistlichen Lieder). Friedrich von Logau (in Schlesien): Reimsprüche Salomons von Golau.	
1639 Opitz † zu Danzig. Simon Dach, Lehrer der Dichtkunst in Königsberg; der Königsberger Dichterkreis S. Dach, Robert Roberthin, Heinrich Albert, vornehmlich thätig für geistliche Liederdichtung. Andreas Gryphius (aus Glogau in Schlesien) Gedichte, erste Sammlung („Sonette"). Johann Freinsheim's deutscher Tugendspiegel zc. [Bernhard v. W.]	1639 Bernhard von Weimar † im Elsaß.
1640 Paul Flemming † zu Hamburg, 30 Jahre alt. Philipp von Zesen's hochdeutscher Heliton. Andreas Henrich Buchholtz deutsche geistliche Poemata und deutscher poetischer Psalter Davids. Justus Georg Schottelius: der nunmehr hinsterbenden Nymphe Germaniae elendeste Todesklage. Franz Christoph Khevenhiller's Annales Ferdinandei oder wahrhafte Beschreibung Kaisers Ferdinandi II. Geburt, Auferziehung und Thaten.	1640—1688 Friedrich Wilhelm der Große, Kurfürst von Brandenburg.
1641 Weckherlin's geistliche und weltliche Gedichte. Rist's himmlische Lieder (seitdem zahlreiche Sammlungen seiner Kirchenlieder). Harsdörffer's Frauenzimmer-Gesprächspiele.	
1642 Sammlung von Paul Flemming's Gedichten (deutsche Poemata). Andreas Scultetus (aus Bunzlau) österliche Triumphposaune. Andreas Tscherning's (aus Bunzlau) deutscher Gedichte Frühling, (seit 1644 Lehrer der Dichtkunst zu Rostock).	1642 Sieg der Schweden unter Torstenson bei Breitenfeld. Anfang der englischen Revolution. Galilei †. Newton geb.

Literatur.	Gleichzeitige Ereignisse.

Zesen's Frühlingslust oder Lob-, Lust- und Liebeslieder.
Martin Rinckhart's geistliche und himmlische Brautmesse („Nun danket Alle Gott").
1643 Zesen's hochdeutsche Sprachübung; Stifter der **deutschgesinnten Genossenschaft**. Hans Michael Moscherosch: wunderliche und wahrhafte Gesichte Philanders von Sittewald (erste Sammlung).
1644 Harsdörffer und Johann Klaj (aus Meißen) stiften den gekrönten **Blumenorden** oder die **Gesellschaft der Hirten an der Pegnitz zu Nürnberg**: Pegnesisches Schäfergedicht in den berinorgischen Gefilden angestimmt von Strephon und Clajus.
Klaj's geistliche Trauerspiele: die Auferstehung Jesu Christi, die Höllen- und Himmelfahrt J. Chr. nebst darauf erfolgter sichtbarer Ausgießung des hl. Geistes.
Simon Dach's Schauspiel „Sorbuisa" [Borussia] zur Feier des akademischen Säcularfestes der Universität Königsberg.
Georg Greflinger (aus Regensburg): Seladons beständige Liebe.
Dietrichs von dem Werder Helden- und Liebesroman „Dianea."
1645 Zesen's Helden- und Liebesroman: die adriatische Rosemund; er übersetzt „Ibrahims oder des durchlauchtigen Bassa und der beständigen Isabellen Wundergeschichte" von dem Fräulein v. Scudery.
Klaj's Herodes der Kindermörder (nach einem lateinischen Drama des Daniel Heinsius), der leidende Christus, Engel- und Drachenstreit.
1646 Andreas Gryphius' erstes Trauerspiel: Leo Armenius oder Fürstenmord.
1647 Gryphius' Trauerspiele: Cardenio und Celinde, die heilige Felicitas (aus dem Lateinischen des Nicolaus Caussinus), Katharina von Georgien oder bewährte Beständigkeit.
Esaias Kempler von Löwenhalt (Stifter der Tannengesellschaft zu Straßburg 1633): erstes Gebüsch von Reimgedichten.
Adam Olearius' Beschreibung der neuen orientalischen Reise.

1645 Torstenson's Sieg über die Kaiserlichen bei Jankau. Die Schweden vor Wien.

1646 Die Schweden und Franzosen verwüsten Bayern.

Literatur.	Gleichzeitige Ereignisse.
Johannes Rist's Schauspiel: das friedewünschende Deutschland. Harsdörffer's poetischer Trichter, die deutsche Dicht- und Reimkunst ohne Behuf der lateinischen Sprache in sechs Stunden einzugießen.	
1648 Johann Franck's (zu Guben) poetische Werke. H. Albert's Arien zum Singen und Spielen (nebst Liedern von S. Dach). Bogislav Philipp von Chemnitz' Geschichte des königlich schwedischen in Deutschland geführten Kriegs.	1648 Westphälischer Friede. Sicherung der protestantischen Kirche mit Einschluß der Calvinisten. Elsaß [französisch]; die Schweiz und die Niederlande völlig von Deutschland getrennt. Ausländerei der Fürsten u. der höhern Stände; das Bürgerthum gesunken.
1649 Friedrich von Spee: Trutz Nachtigall (geistliche Lyrik). Harsdörffer's herzbewegliche Sonntagsandachten. Klaj's schwedisches Fried- und Freudenmahl zu Nürnberg (fortgesetzt: Irene, 1650).	1649 König Karl I. (Stuart) enthauptet. Englische Republik.
1650 Gryphius' Tragödie: ermordete Majestät oder Carolus Stuardus; deutsche Reimgedichte (worin drei Bücher der Sonette). Johann Helwig (zu Nürnberg): die Nymphe Noris in zweien Tageszeiten vorgestellt [Fortsetzung der Pegnitzschäferei]. Harsdörffer's Nathan, Jotham und Simson oder geistliche und weltliche Gedichte (Parabeln und Räthsel). David Schirmer's (zu Dresden) poetische Rosengebüsche. Greflinger's Uebersetzung von Corneille's Cid. Moscherosch Gesammtausgabe der Gesichte Philanders von Sittewald. Daniel Caspar von Lohenstein bearbeitet (15 Jahre alt) das Trauerspiel Ibrahim Bassa.	1650 Friedens-Hauptexecutionsreceß. Allgemeines Friedens- und Dankfest.
1651 Andreas Heinrich Buchholtz (zu Braunschweig): geistliche deutsche Poemata. Seladon's [Greflinger's] weltliche Lieder. Sigmund (Betulius) von Birken (aus Böhmen): Margenis, das vergnügte, bekriegte und wiederbefreite Deutschland, in Nürnberg aufgeführt (gedruckt 1679).	

Literatur.	Gleichzeitige Ereignisse.

1652 **Birken's** „Geschichtsschrift" [Roman]: die friederfreute Teutonie.
Georg **Neumark's** poetisch-musikalisches Lustwäldchen („Wer nur den lieben Gott läßt walten").
Johann Michael **Dilherr** (Prediger zu Nürnberg): Geistliche Weihrauchkörner.
Hans Wilmsen **Lauremberg's** (Lehrers zu Rostock und Soröe): Veer Scherzgedichte [niederdeutsch].

1653 **Gryphius'** Majuma, Freudenspiel „auf dem Schauplatz gesangweise vorgestellet."
Jacob **Schwieger**: des Flüchtigen flüchtige Feldrosen [weltliche Lieder].
Zesen's gekreuzigter Liebesflammen und geistlicher Gedichte Vertrab [später viele Sammlungen geistl. Lieder].
Johann **Rist's** Schauspiel: das friedejauchzende Deutschland.

1654 Fr. von **Logau**: Salomons von Golaw deutscher Sinngedichte drei Tausend.
A. **Olearius**, persianisches Rosenthal (Uebersetzung von Saadi's Gulistan oder Rosengarten).

1656 **Schwanenorden** an der Elbe, von Rist gestiftet.

1657 Johann **Scheffler's** (Angelus Silesius) heilige Seelenlust oder geistliche Hirtenlieder; geistreiche Sinn- und Schlußreime (cherubinischer Wandersmann). | 1657—1705 Kaiser Leopold I. (Ludwig XIV. König von Frankreich, Selbstregent seit 1661, †1715).

Balthasar **Schupp** (Schuppius), Prediger zu Hamburg: Salomo oder Regentenspiegel, Freund in der Noth ꝛc. (Lehrreiche Schriften, 1663).
Birken's ostländischer Lorbeerhain (zu Ehren Oestreichs).
Greflinger's episches Gedicht: der Deutschen dreißigjähriger Krieg.

1658 Anna **Sophia** von Hessen-Darmstadt, der treue Seelenhirt Jesus Christus (geistliche Lieder).
Johann Georg **Schoch**: Comoedia vom Studentenleben.

1659 **Buchholtz'** Heldenroman: des christlichen deutschen Großfürsten Herkules und der böh-

Literatur.	Gleichzeitige Ereignisse.
mischen königlichen Fräulein Balista Wundergeschichte. Gryphius' Trauerspiel: Großmüthiger Rechtsgelehrter oder sterbender Papinianus.	
1660 Schwieger's beste Liedersammlung: die geharnschte Venus oder Liebeslieder im Kriege gedichtet ꝛc. von Filidor dem Dorferer (sein Name als Mitglied des Schwanenordens). Gryphius' Lustspiel: das verliebte Gespenst und die geliebte Dornrose (ein Bauernspiel als Intermezzo) zu einem fürstl. Vermählungsfest in Glogau aufgeführt.	1660 Wiedereinsetzung der Stuarts in England.
ca. 1660 Gryphius' Lustspiele: Absurda Comica oder Herr Peter Squenz; Horribilicribrifax.	
1661 Lohenstein's Trauerspiel: Cleopatra.	1661 Lehrstuhl des Staatsrechts in Heidelberg: Samuel Pufendorf.
1663 Gryphius' zweite Bearbeitung der Tragödie Carolus Stuardus. Lustspiele: die Säugamme oder ungetreues Hausgesinde (nach dem Italienischen des Razzi), der schwärmende Schäfer (nach dem Französ. des Corneille). Schottelius ausführliche Arbeit von der deutschen Hauptsprache.	1663 Ständiger Reichstag zu Regensburg.
1664 Rachel's satirische Gedichte.	
1665 Birken's (Vorstehers des Pegnitzordens seit 1660) pegnesische Gesprächspielgesellschaft. Buchholtz' Roman: Herkulistus und Herkulabisla. Lohenstein's Trauerspiele: Agrippina, Epicharis.	
1666 Lohenstein's Sophonisbe. Samuel von Butschky (zu Breslau): A—Z! Fünfhundert sinnen=, geist= und lehrreiche Reden.	
1667 Paul Gerhardt's Haus= und Kirchenlieder. Anton Ulrich's von Braunschweig christfürstliches Davids-Harfen-Spiel.	1667 Erste Ausgabe von John Milton's religiösem Epos: das verlorene Paradies.
1668 Birken's Geschichtswerk: Spiegel der Ehren des Erzhauses Oestreich. Christian Weise's (zu Zittau) überflüssige Gedanken der grünenden Jugend (Schauspiele).	
1669 Simplicissimus, Volksroman von Hans Jacob Christoffel von Grimmelshausen (fünf, später sechs Bücher).	

Literatur.	Gleichzeitige Ereignisse.

Anton Ulrich's von Braunschweig Heldenroman: die durchlauchtige Syrerin Aramena.

Birken's Guelfis oder niedersächsischer Lorbeerhain.

1670 Zesen's Heldenroman: Assenat.

1671 Quirin Kuhlmann's himmlische Liebesküsse (nach dem Hohenlied).

Christl. Scriver: Gottholds zufällige Andachten.

1672. 73 Christian Weise's (zu Zittau) satirische Volksromane: die drei ärgsten Erznarren, die drei klügsten Leute (hgg. 1673).

1672—1678 Holländisch-deutscher Krieg gegen Ludwig XIV. Friede zu Nimwegen. Das Französische als diplomatische Geschäftssprache.

1673 Christian Hofmann von Hofmannswaldau: deutsche Uebersetzungen und Gedichte, erste Sammlung: „poetische Geschichtreden" und „Heldenbriefe." Lohenstein's Trauerspiel: Ibrahim Sultan. Zweite schlesische Dichterschule.

1674 Johann Franck's deutsche Gedichte, bestehend im geistlichen Zion oder neuen geistlichen Liedern 2c.

1675 Philipp Jacob Spener: Pia desideria oder herzliches Verlangen nach gottgefälliger Verbesserung der wahren evangelischen Kirche 2c. (als Vorrede zu Arndt's Postille).

1675 Sieg Friedrich Wilhelms von Brandenburg über die Schweden bei Fehrbellin.

1677 Anton Ulrich's von Braunschweig Roman: Octavia.

1679 Joachim Neander's (Pred. zu Bremen) Bundeslieder und Dankpsalmen.

Christian Weise's Lustspiel: bäuerischer Macchiavellus.

Birken's deutsche Redebind- und Dichtkunst.

1680 Abraham a Sancta Clara (Ulrich Megerle): Merk's Wien, das ist, des wüthenden Tods umständliche Beschreibung 2c.

Lohenstein's Trauer- und Lustgedichte (Sammlung seiner Trauerspiele und lyrischen Gedichte).

1680 Ludwigs XIV. Reunionen. Steigender Einfluß französischer Sitte und Literatur auf das übrige Europa: die Dichter Corneille, Racine, Mollère, Boileau (l'art poétique, 1674), Fenelon, Lafontaine.

1681 Straßburg von den Franzosen weggenommen.

1682 Daniel Georg Morhof's Unterricht von der deutschen Sprache und Poesie.

Pufendorf's Einleitung zu der Historie der vornehmsten Reiche und Staaten.

Literatur.	Gleichzeitige Ereignisse.
1683 Christian Weise's Zittauisches Theatrum. 1684 Quirin Kuhlmann's Kühlpsalter. Knorr's von Rosenroth neuer Helicon (geistliche Lieder).	1683 Die Türken vor Wien geschlagen. Siege der Oestreicher in Ungarn.
	1685 Aufhebung des Edicts von Nantes. Französische Réfugiés in Deutschland.
1686 Spener, Oberhofprediger in Dresden: Predigtsammlungen. 1687 Abraham a Scta. Clara: Judas der Erzschelm ꝛc. Christian Thomasius' deutsches Programm zu Leipzig: Discours, welchergestalt man denen Franzosen im gemeinen Leben und Wandel nachahmen soll.	
1688 Hans Anselms von Ziegler und Kliphausen Roman: die asiatische Banise oder blutiges, doch muthiges Pegu. Christian Henrich Postel (zu Hamburg): die heilige Eugenia (die erste seiner 25 Opern). Thomasius' deutsche Monatsschrift: freimüthige, lustige und ernsthafte, jedoch vernunft- und gesetzmäßige Gedanken über allerhand, fürnehmlich über neue Bücher.	1688—1697 Krieg des großen (oranischen) Bundes gegen Ludwig XIV. Verwüstung der Pfalz.
1689 Lohenstein's († 1683) Roman: großmüthiger Feldherr Arminius als ein tapferer Beschirmer der deutschen Freiheit nebst seiner durchlauchtigen Thußnelda, herausgegeben von Neukirch. Die patriotische Flugschrift: der französische Deutschland verderbende Gräuel und Abgott Ludwig XIV.	1689 Leopold I. stiftet zu Wien das kaiserliche historische Collegium für deutsche Geschichte.
1690 Johann von Besser, brandenburgischer Ceremonienmeister und Hofpoet. 1691 Uebersetzungen von Schauspielen Corneille's und Racine's werden auf dem braunschweigischen Hoftheater aufgeführt. 1692 Gottfried Arnold's geistliche Lieder.	
	1694 Universität zu Halle, gestiftet vom Kurfürsten Friedrich III.
1695 Benjamin Neukirch's Anthologie: Herrn von Hofmannswaldau und anderer Deutschen sd. i. der zweiten schlesischen Dichterschule] auserlesene und bisher ungedruckte Gedichte.	1695 AugustHermannFrande gründet das Waisenhaus zu Halle: „Pietisten."

— 23 —

Literatur.	Gleichzeitige Ereignisse.

1697 Gottfried Wilhelm von Leibnitz, Unvorgreifliche Gedanken betreffend die Ausübung und Verbesserung der deutschen Sprache.

Die görlitzische poetische Gesellschaft (seit 1722 die deutschübende, seit 1727 die **deutsche Gesellschaft**) zu Leipzig unter Burkhard Mencke (Philander von der Linde).

Johann Beltheim, Schauspieldirector zu Leipzig, bringt Uebersetzungen Molière'scher Lustspiele auf die Bühne.

Christian Wernicke's (aus Preußen) Ueberschriften oder Epigrammata. **Neufranzösische Dichterschule.**

1698 Christian Gryphius' (zu Breslau) poetische Wälder.

Gottfried Arnold's göttliche Liebesfunken.

1699 Gottfried Arnold's unparteiische Kirchen- und Ketzerhistorie.

1700 Chr. Henr. Postel, die listige Juno (nach Homer).

Friedrich Rudolf Ludwig von Canitz († 1699): Nebenstunden unterschiedener Gedichte (ältestes von 1674).

Benjamin Neukirch sagt sich von der Manier der zweiten schlesischen Dichterschule los (Boileau und Canitz seine Muster).

1703 Wernicke's satirisches Heldengedicht „Hans Sachs" (gegen Postel „Stelpo").

1704 Christian Friedrich Hunold's (zu Hamburg): der thörichte Pritschmeister oder schwärmende Poete (gegen Wernicke: „Wecknarr," „Narweck").

Hans Aßmann von Abschatz (aus Schlesien, † 1699): poetische Uebersetzungen und Gedichte.

Benjamin Schmolck's (aus Schlesien) heilige Flammen der himmlisch gestimmten Seele (erste Sammlung seiner geistlichen Lieder).

1708 Barthold Feind's (aus Hamburg) Gedichte (Opern).

1710 Christian Wolff's Anfangsgründe aller mathematischen Wissenschaften (in deutscher Sprache).

1697 August II. Kurfürst von Sachsen wird katholisch und zum König von Polen gewählt.

1699 Friede zu Carlowitz. Ungarn und Siebenbürgen östreichisch.

1700—1721 Nordischer Krieg.
1700 Berliner Akademie der Wissenschaften, durch Leibnitz gegründet.
Die Philosophen Locke und Shaftesbury in England, Bayle in Frankreich. Thomasius bekämpft die Hexenprocesse.
1701 Friedrich I. als König von Preußen gekrönt.

1702—1714 Spanischer Erbfolgekrieg.

1705—1711 Kaiser Joseph I.
1706 Karl XII. in Sachsen. Altranstädter Friede.

1710 Leibnitz philosophisches Hauptwerk: essay de théodicée.
1711—1740 Kaiser Karl VI.

Literatur.	Gleichzeitige Ereignisse.
1712 Barthold Henrich Brockes zu Hamburg: Oratorium: der für die Sünden der Welt gemarterte und sterbende Jesus.	1711. 1712 The spectator, englische Zeitschrift von Abbison und Steele. Das Zeitalter der Königin Anna: Pope, Swift.
	1712 Canfteinsche Bibelanstalt in Halle.
1713 Chr. Wolff's vernünftige Gedanken von den Kräften des menschlichen Verstandes — das erste seiner philosophischen Werke in deutscher Sprache.	1713-1740 Friedrich Wilhelm I. König von Preußen.
	1714 Das Haus Hannover auf dem Thron von England.
1715 Brockes' bethlehemitischer Kindermord des Marino. Karl Gustav Heräus (zu Wien) vermischte Nebenarbeiten (d. i. Gedichte — darunter ein Versuch in gereimten Hexametern und Pentametern).	
1718 Johann Christian Günther (aus Striegau in Schlesien): Siegsgesang auf den zwischen dem Kaiser und der Pforte 1718 geschlossenen Frieden.	1716—1718 Türkenkrieg. Prinz Eugen siegt bei Peterwardein (1716) und Belgrad (1717).
1720 Robinson Crusoe Leben und ganz ungemeine Begebenheiten ꝛc. (Uebersetzung des Daniel de Foe). Robinsonaden. Johann Jacob Rambach's (zu Halle) geistliche Poesieen.	
1721 Brockes' irdisches Vergnügen in Gott (beschreibende Lehrdichtung). Weichmann (zu Hamburg) beginnt die Herausgabe der Sammlung: Poesie der Niedersachsen. Der Züricher Verein (Johann Jacob Bodmer und Johann Jacob Breitinger) beginnt die Wochenschrift: die Discourse der Maler.	
1723 Günther's Gedichte, erste Sammlung.	
1725 Johann Christoph Gottsched (Docent in Leipzig und 1726—1738 Senior der deutschen Gesellschaft) beginnt die moralische Wochenschrift: die vernünftigen Tadlerinnen. Johann Lorenz von Mosheim (zu Helmstedt), heilige Reden.	
1726 Johann Jacob Mascov's (zu Leipzig) Geschichte der Deutschen bis zum Abgange der Merowinger.	

Literatur.	Gleichzeitige Ereignisse.
1727 **Neukirch's** Uebersetzung von **Fenelon's** Telemach in Alexandrinern. Gottsched's Zeitschrift: der Biedermann.	1727 Statuten der (Herrnhuter) Brüdergemeinde vom Grafen Zinzendorf.
1728 **Gottsched's** Grundriß zu einer vernunftmäßigen Redekunst.	
1729 **Friedrich von Hageborn** (zu Hamburg): Versuch einiger Gedichte oder erlesene Proben poetischer Nebenstunden.	
1730 **Gottsched's** (seit 1730 Prof. an der Univers.) Versuch einer kritischen Dichtkunst.	
1731 **Ludwig Schnabel**: wunderliche Fata einiger Seefahrer, absonderlich des Albertus Julius ꝛc. (die Insel Felsenburg).	
1732 **Gottsched's** Trauerspiel: der sterbende Cato, nebst Fenelon's Gedanken vom Trauerspiel. Gottsched's (und seiner Freunde) Beiträge zur kritischen Historie der deutschen Sprache, Poesie und Beredsamkeit. (Spätere Fortsetzungen: Neuer Büchersaal der schönen Wissenschaften und freien Künste, 1745 ff.; das Neueste aus der anmuthigen Gelehrsamkeit 1751—62.) **Bodmer's** Uebersetzung des Milton: Verlust des Paradieses (in Prosa). **Albrecht von Haller's** Versuch schweizerischer Gedichte (die Alpen 1729). **Christian Ludwig Liscow** (aus Wittenburg in Mecklenburg) Satiren (gegen Sievers): des Ritters Clifton Schreiben an einen gelehrten Samojeden, betreffend die seltsamen und nachdenklichen Figuren, welche derselbe auf einer gefrornen Fensterscheibe wahrgenommen; Satiren gegen Philippi in Halle: Briontes der jüngere oder Lobrede ꝛc.	1732 Auswanderung der Salzburger Protestanten.
1733 **Gottsched's** Iphigenie, Trauerspiel nach dem Französischen des Racine.	1733 August III., Kurfürst von Sachsen, wird König von Polen.
1734 **Liscow's** Satire: die Vortrefflichkeit und Nothwendigkeit der elenden Scribenten gründlich erwiesen. **Karl Friedrich Drollinger's** Ode „Lob der Gottheit" gedruckt. („Der helvetische Opitz").	
1735 **Zinzendorf's** Gedichte (verfaßt seit 1721). Deutsche Gesellschaft zu Halle: Samuel	

Literatur.	Gleichzeitige Ereignisse.
Gotthold Lange, Johann Joachim Pyra und And.	
1736 Gottsched's Gedichte. Luise Abelgunde Victoria Gottsched: Lustspiel „die Pietisterei im Fischbeinrock oder die doctormäßige Frau" (nach dem Französischen).	
1737 Gottsched entfernt den Hanswurst von der Bühne (das Theater der Neuber zu Leipzig).	1737 Universität zu Göttingen, gestiftet von Georg II. v. England.
Gottlieb Wilhelm Rabener's (zu Leipzig) Satire in Versen: Beweis, daß die Reime in der deutschen Dichtkunst unentbehrlich sind.	
Johann Jacob Moser's (aus Stuttgart) deutsches Staatsrecht.	
1738 Gerhard Tersteegen's geistliches Blumengärtlein.	1736 Wiener Definitivfriede. Lothringen an Stanislaus Leszinski.
Fr. von Hageborn's Versuch in poetischen Fabeln und Erzählungen.	
Aug. Friedr. Wilh. Sack's (zu Berlin) Predigten.	
1739 Göttinger Zeitungen von gelehrten Sachen (seit 1753 Anzeigen von gelehrten Sachen).	

III. Ausbildung klassischer Poesie und Prosa.

Von 1740 bis zur Gegenwart.

Literatur.	Gleichzeitige Ereignisse.
1740 Breitinger's kritische Dichtkunst. Bodmer's Abhandlung vom Wunderbaren. Anfang des Streits zwischen den Leipzigern (Gottsched) und Zürichern. Johann Wilhelm Ludwig Gleim, Johann Peter Uz, Johann Nicolaus Götz in Halle verbunden.	1740 Regierungsantritt Friedrichs des Großen und Maria Theresia's. Oestreichischer Erbfolgekrieg (1741—1748) und schlesischer Krieg 1740—1742. Kaiser Karl VII. (von Bayern). 1742—1745. Richardson's Roman Pamela.

Literatur.	Gleichzeitige Ereignisse.
1741 Johann Joachim Schwabe zu Leipzig (Gottschedianer): Belustigungen des Verstandes und Witzes, (darin Rabener's erste Prosa-Satiren). Gottsched: die deutsche Schaubühne nach den Regeln der alten Griechen und Römer eingerichtet.	1741 Edward Young's Lehrgedicht „Klagen oder Nachtgedanken." Voltaire's Mahomet. Händel's Oratorium: der Messias.
1742 Das „Vorspiel" der Neuber gegen Gottsched. Johann Christoph Rost's komische Epopöe „das Vorspiel in fünf Gesängen."	
1743 Drollinger's Gedichte, herausgegeben von Spreng. Johann Elias Schlegel's Trauerspiel Hermann (in Gottsched's Schaubühne). Uz' Frühlingsode (in Hexametern mit einer Vorschlagsylbe). Pyra's Beweis, daß die G*ttsch*dianische Secte den Geschmack verderbe.	
1744 Neue Beiträge zum Vergnügen des Verstandes und Witzes (Bremer Beiträge), hgg. von Karl Christian Gärtner. Leipziger Dichterverein: Gärtner, Cramer, J. A. Schlegel, Giseke, Gellert, Rabener, Ebert, Schmid, Zachariä, Klopstock u. And. Friedrich Wilhelm Zachariä's komische Epopöe „der Renommist" (in Schwabe's Belustigungen). Abraham Gotthelf Kästner's Lehrgedicht von den Kometen; Sinngedichte. Gleim's scherzhafte Lieder. Erste Oden von Ewald Christian von Kleist.	1744. 1745 Der zweite schlesische Krieg.
1745 Brockes' Uebersetzung von Thomson's Jahreszeiten. Thirsis und Damons (Lange's und Pyra's) freundschaftliche Lieder, hgg. von S. G. Lange. Christian Fürchtegott Gellert's Lustspiel: die Betschwester. Joh. Friedr. Wilh. Jerusalem's (zu Braunschweig) erste Sammlung von Predigten. Johann George Sulzer's (aus Winterthur) moralische Betrachtungen über die Werke der Natur.	1745 Herzog Karl stiftet zu Braunschweig das Collegium Carolinum (Jerusalem Curator). 1745—1765 Kaiser Franz I. (aus dem Hause Lothringen-Toscana).
1746 Gellert's Fabeln und Erzählungen; Leben der schwedischen Gräfin von G. Gleim's freundschaftliche Briefe; Götz' Oden Anakreon's.	1646--1766 Friedrich V., König von Dänemark, Förderer geistiger Interessen und deutscher Literatur.

Literatur.	Gleichzeitige Ereignisse.
J. E. Schlegel's (seit 1743 in Kopenhagen) Trauerspiel Canut. 1747 Hagedorn's „Sammlung neuer Oden und Lieder." Friedrich Gottlieb Klopstock's (geb. zu Quedlinburg 1724) erste Oden: der Lehrling der Griechen; an meine Freunde (später: Wingolf). Gotthold Ephraim Lessing's (geb. zu Camenz 1729) erstes Lustspiel: der junge Gelehrte. 1748 Gottsched's deutsche Sprachkunst. Bodmer's und Breitinger's Proben der alten schwäbischen Poesie (Minnesänger). Gellert's Lust- und Schäferspiele, darin die Lustspiele: „die zärtlichen Schwestern" (rührendes Lustspiel), „das Loos in der Lotterie". Lessing's Lustspiel: der Misogyn. J. E. Schlegel's Beiträge zum dänischen Theater, darin die Lustspiele „die stumme Schönheit", „der Triumph der guten Frauen". Magnus Gottfried Lichtwer's (zu Halberstadt) vier Bücher äsopischer Fabeln. Johann Andreas Cramer's (aus Sachsen) Uebersetzung von Chrysostomus Predigten und Bossuet's Weltgeschichte. Johann Joachim Spalding's (aus Pommern) Betrachtung über die Bestimmung des Menschen. Klopstock's Elegie (in antikem Versmaß) „die künftige Geliebte"; Oden an Ebert, Gisele, Fanny („Daphne" — Marie Sophie Schmidt) ꝛc. — Messias, drei Gesänge (in Hexametern). 1749 Uz' lyrische Gedichte. Kleist's Frühling (in Hexametern mit einer Vorschlagsylbe, seit 1746 bearbeitet). Lessing's Lustspiele: die Juden, der Freigeist. Gottfried Achenwall's (zu Göttingen) Abriß der neuesten Staatswissenschaft ꝛc. (Statistik). 1750 Klopstock bei Bodmer in Zürich: Ode „der Züricher See". Lessing's Lustspiel „der Schatz" nach Plautus.	1748 Berliner Gelehrten- und Dichterkreis (Ramler, Kleist, Sulzer, Spalding). Friede zu Aachen. 1749 Montesquieu, de l'esprit des lois. 1750 A. G. Baumgarten zu Halle: Aesthetica. Voltaire bei Friedrich b. Gr. in Sanssouci.

Literatur.	Gleichzeitige Ereignisse.
1751 Klopstock's Messias, 1—5. Gesang; Oden an Friedrich V. von Dänemark. Lessing's Kleinigkeiten und erste kritische Aufsätze (in der Vossischen Zeitung). Christian Felix Weiße (zu Leipzig) verfaßt sein erstes Lustspiel „die Poeten nach der Mode". Gellert's Briefe nebst einer praktischen Abhandlung von dem guten Geschmacke in Briefen. Rabener's Sammlung satirischer Schriften. Anton Friedrich Büsching's (zu Göttingen) Erdbeschreibung.	1751 Die französischen Encyklopädisten (Diderot, d'Alembert).
1752 Gottsched's Bearbeitung des Reinele Fuchs. Bodmer's Noah, Heldengedicht in zwölf Gesängen („Noachide" 1765); Patriarchaden. Rabener's satirische Briefe. (Götz), Gedichte eines Wormsers. Klopstock's Oden an Cibli (Meta Moller).	
1753 Uz' komische Epopöe: der Sieg des Liebesgottes. Christoph Martin Wieland's (geb. zu Oberholzheim bei Biberach 1733) Patriarchade: der geprüfte Abraham (bei Bodmer verfaßt). Weiße's Singspiel „der Teufel ist los" nach dem Englischen. (Rost: Epistel des Teufels an Herrn Gottsched).	1753 Richardson's Roman Grandison.
1754 Gellert's Lehrgedichte. Zachariä's Tageszeiten. Johann Arnold Ebert's Uebersetzung von Young's Klagen oder Nachtgedanken. Salomon Geßner's (zu Zürich) idyllischer Roman Daphnis und Idyllen. Hermann Samuel Reimarus (zu Hamburg): die vornehmsten Wahrheiten der natürlichen Religion.	
1755 Cramer's Uebersetzung der Psalmen; erste Sammlung seiner Predigten (seit 1754 Prediger in Kopenhagen). Klopstock's Messias, 1—10. Gesang; Abhandlung von der heiligen Poesie. Lessing's Miß Sara Sampson, „ein bürgerliches Trauerspiel". Moses Mendelssohn's (zu Berlin) Briefe über die Empfindungen.	

Literatur.	Gleichzeitige Ereignisse.
Johann Joachim Winckelmann's Abhandlung: über die Nachahmung der griechischen Werke in der Malerei und Bildhauerkunst. (1755 nach Italien).	
1756 Gleim's Fabeln und Romanzen. Kleist: Gedichte von dem Verfasser des Frühlings. Johann Georg Zimmermann's (aus Brugg in der Schweiz) Betrachtungen über die Einsamkeit.	1756—1763 Siebenjähriger Krieg. Friedrich d. Gr. siegt bei Lowositz und besetzt Sachsen.
1757 Bodmer und Breitinger: Fabeln aus den Zeiten der Minnesinger [Bonerius]; Chriemhildens Rache [ein Theil des Liedes von den Nibelungen]. Gellert's geistliche Oden und Lieder. Klopstock's Trauerspiel: der Tod Adams. Bibliothek der schönen Wissenschaften, hgg. von Friedrich Nicolai und Mendelssohn (später von Weiße). Kleist's Ode an die preußische Armee. Die Preistragödien: Joh. Friedr. von Cronegk's Codrus (in Alexandrinern) und Joach. Wilh. von Brawe's Freigeist (in Prosa).	1757 Friedrich II. siegt bei Roßbach über die Franzosen und bei Leuthen über die Oestreicher.
1758 Joh. Heinr. Schlegel übersetzt Thomson's Sophonisbe in fünffüßigen Jamben. Wieland's Drama: Johanna Gray (in fünffüß. Jamben). Kleist's erzählendes Gedicht: Cissides und Paches (in fünffüß. Jamben). Klopstock's Hymnen („dem Allgegenwärtigen") und geistliche Lieder. Geßner's Tod Abels in fünf Gesängen (erzählende Dichtung in poetischer Prosa). (Gleim): Preußische Kriegslieder in den Feldzügen von 1756 und 1757 von einem Grenadier. Zimmermann's Abhandlung: vom Nationalstolze. Bodmer's und Breitinger's Sammlung von Minnesingern. Ramler übersetzt Batteux' Einleitung in die schönen Wissenschaften.	1758 Friedrich II. siegt bei Zorndorf über die Russen.
1759 Cramer's Monatsschrift: der nordische Aufseher (Kopenhagen und Leipzig).	1759 Die Franzosen besetzen die Reichsstadt Frankfurt.

Literatur.	Gleichzeitige Ereignisse.
Briefe die neueste Literatur betreffend (Literaturbriefe, hgg. von **Lessing, Mendelssohn, Thomas Abbt** u. Anb. **Lessing's Fabeln**, drei Bücher, nebst Abhandlungen ꝛc.; Trauerspiel: **Philotas**. **Weiße's** „Beitrag zum deutschen Theater" 1. Bd.; darin die Trauerspiele: Eduard 3. und Richard 3. Hans (Heinrich?) Wilhelm von **Gerstenberg's** (aus Tondern in Schleswig) „prosaische Gedichte" und „Tändeleien". Johann Georg **Hamann's** (aus Königsberg) sokratische Denkwürdigkeiten. Friedrich Karl von **Moser** (aus Stuttgart): der Herr und der Diener. (Joh. Jac. Moser wird Gefangener zu Hohentwiel).	Sieg Ferdinands von Braunschweig bei Minden. Niederlage der Preußen bei Kunnersdorf; Kleist †. Lorenz Sterne's humoristischer Roman Tristram Shandy.
1760 Uz Lehrgedicht: Versuch über die Kunst stets fröhlich zu sein. Friedrich Karl Kasimir von **Creuz'** Lehrgedicht: die Gräber. Lessing übersetzt **Diderot's** Theater (der Hausvater, der natürliche Sohn). Joh. Karl August **Musäus** (aus Jena) satirischer Roman: Grandison der Zweite.	1760 Friedrichs II. Siege bei Liegnitz und bei Torgau.
1761 Konrad Arnold **Schmid's** (aus Lüneburg) Lieder auf die Geburt des Erlösers. Gottlieb Konrad **Pfeffel's** (aus Colmar im Elsaß) „poetische Versuche" (vornehmlich Fabeln). **Mendelssohn's** philosophische Schriften (vornehmlich ästhetische Abhandlungen). Justus **Möser** (zu Osnabrück): Harlequin oder Vertheidigung des Groteske-Komischen. **Spalding**: über den Werth der Gefühle in dem Christenthum. **Abbt**, vom Tode fürs Vaterland. Johann Christoph **Gatterer's** (zu Göttingen) Handbuch der Universalhistorie.	1761 Joseph von Sonnenfels stiftet die deutsche Gesellschaft in Wien.
1762 **Wieland's** poetische Erzählung Nadine. Anfang der Uebersetzung des **Shakspeare**.	1762 Rousseau's Emile. Macpherson's Ossian. 1763 Friede zu Hubertsburg. Schlesien bleibt bei Preußen.
1764 **Klopstock's** Trauerspiel: Salomo. **Cramer's** evangelische Nachahmungen der Psalmen und geistliche Lieder. **Wieland's** Roman: die Abenteuer des Don Silvio von Rosalva oder Sieg der Na-	

Literatur.	Gleichzeitige Ereignisse.
tur über die Schwärmerei (bearbeitet seit 1762). Moritz August von Thümmel's Wilhelmine „ein prosaisches komisches Heldengedicht". Johann Georg Jacobi's poetische Versuche. Fingal ein Heldengedicht: erste Uebersetzung des Ossian (in Prosa). Isaak Iselin (zu Basel): über die Geschichte der Menschheit. Windelmann's Geschichte der Kunst des Alterthums.	
1765 Wieland's „komische [später: griechische] Erzählungen". Spalding's Predigten, erste Sammlung. Abbt, vom Verdienste. Fr. K. von Moser: von dem deutschen Nationalstolze. Justus Möser beginnt die osnabrückische Geschichte (bogenweise). Allgemeine deutsche Bibliothek von Nicolai begonnen.	1765—1790 Kaiser Joseph II. 1765 Percy's reliques of ancient english poetry. Almanac des muses.
1766 Johann Adolf Schlegel's erste Samml. geistlicher Gesänge. Wieland's Roman: Agathon. Lessing's Laokoon oder über die Grenzen der Malerei und Poesie. Gerstenberg's Gedicht eines Stalden; Briefe über Merkwürdigkeiten in der Literatur (Schleswig).	1766 Lothringen mit Frankreich vereinigt. Goldsmith's Vicar of Wakefield.
1767 Klopstock's erste Bardengesänge (nordische Mythologie). Ramler's Oden gesammelt (seit 1744 verfaßt). Johann Caspar Lavater's (zu Zürich) Schweizerlieder. Wieland's Idris, „ein heroisch=komisches Gedicht". Lessing's Minna von Barnhelm oder das Soldatenglück (verfaßt 1763); hamburgische Dramaturgie. Mendelssohn's Phädon oder über die Unsterblichkeit der Seele. Johann Gottfried Herder's (geb. zu Mohrungen in Ostpreußen): Fragmente über die neuere deutsche Literatur.	1767 Sterne's sentimental journey.

Literatur.	Gleichzeitige Ereignisse.
1768 Klopstock's Ode: Mein Vaterland. Michael Denis' (zu Wien) Ossian (in Hexametern). Karl Friedrich Kretschmann: der Gesang Rhingulphs des Barden, als Varus geschlagen war. Weiße's Trauerspiel: Romeo und Julie. Gerstenberg's Trauerspiel: Ugolino. Wieland's Lehrgedicht: Musarion. Joh. Joachim Christoph Bode's (zu Hamburg) Uebersetzung von Sterne's empfindsamer Reise. Lessing's Briefe antiquarischen Inhalts (gegen Klotz). Lavater's Aussichten in die Ewigkeit. Johann Matthias Schröckh's christliche Kirchengeschichte.	
1769 Klopstock's Messias, 11.—15. Gesang; Hermanns Schlacht, „Bardiet für die Schaubühne". Ramler's metrische Uebersetzung des Horaz. Göttinger Musenalmanach für 1770, hgg. von Boie und Gotter. Johann Timotheus Hermes' Roman: Sophiens Reise von Memel nach Sachsen. Lessing's Abhandlung: wie die Alten den Tod gebildet. Herder's kritische Wälder. Christian Garve's (aus Breslau) erste philosophische Abhandlungen. Georg Joachim Zollikofer's Predigten, erste Sammlung.	**1769** Cook's erste Entdeckungsreise nach der Südsee.
1770 Johann Jacob Engel: der dankbare Sohn, „ein ländliches Lustspiel". Matthias Claudius (in Wandsbeck bei Hamburg) giebt den Wandsbecker Boten heraus. Lavater's Predigten, erste Sammlung.	**1770** Sturz des Bernstorffischen Ministeriums in Dänemark; Struensee (—1772).
1771 Lavater's christliche Lieder, erste Sammlung. Klopstock's (seit 1770 in Hamburg) Oden und Elegieen, erste Ausgabe. Wieland: der neue Amadis, „ein komisches Gedicht in achtzehn Gesängen". Johann Georg Schlosser's Katechismus der Sittenlehre für das Landvolk.	**1771** Friedr. Ludwig Schröder übernimmt die Leitung des Hamburger Theaters.

Literatur.	Gleichzeitige Ereignisse.
Joh. Friedrich Tiede's Unterhaltungen mit Gott in den Abendstunden. Sulzer's allgemeine Theorie der schönen Künste.	
1772 Klopstock's Trauerspiel David. Lessing's Trauerspiel Emilia Galotti (1757 entworfen). Wieland's goldener Spiegel. — W. wird von der Herzogin-Regentin Amalie als Prinzenlehrer nach Weimar berufen. Denis: die Lieder Sined's des Barden. Balthasar Münter's geistliche Lieder. Lavater: von der Physiognomik. Herder: von dem Ursprung der Sprache (Preisschrift von 1770). Joh. August Eberhard's neue Apologie des Socrates. Frankfurter gelehrte Anzeigen, hgg. von Merck, Schlosser ꝛc. (Goethe's Kritiken.) Göttinger Dichterbund (Hainbund): Voß, Hölty, Miller, die Grafen zu Stolberg, Leisewitz u. Anb.): Göttinger Musenalmanach, hgg. von Boie.	1772 Erste Theilung Polens; Friedrich II. erhält Westpreußen. Cook's zweite Entdeckungsreise (mit Johann Reinhold Forster).
1773 Klopstock's Messias, 16.—20. Gesang (Schluß). Lessing's Beiträge zur Geschichte und Literatur aus den Schätzen der herzogl. Bibliothek zu Wolfenbüttel. Erster und zweiter Beitrag. Wieland's Oper Alceste. Herausgabe der Zeitschrift: deutscher Merkur. Nicolai's Roman: das Leben und die Meinungen des Herrn Magister Sebaldus Nothanker. Letzte poetische Blüthezeit des Gleim'schen Kreises zu Halberstadt: Klamer Schmidt, J. G. Jacobi, Wilhelm Heinse. Johann Wolfgang Goethe's (geb. zu Frankfurt 1749) Götz von Berlichingen mit der eisernen Hand, ein Schauspiel (anonym). „Götter, Helden und Wieland"; Jahrmarktsfest zu Plundersweilern. Herder's Blätter von deutscher Art und Kunst; darin: Herder's Abhandlungen über Ossian und die Lieder der alten Völker, über Shakspeare; Goethe's	1773 Aufhebung des Jesuitenordens durch Clemens XIV. Aufstand der englischen Kolonien in Nordamerika; Washington, Franklin.

Literatur.	Gleichzeitige Ereignisse.
Aufsatz über altdeutsche Baukunst, Möser's über deutsche Geschichte. Gottfried August Bürger's (zu Göttingen) Ballade: Lenore. Friedrich Wilhelm Gotter's Epistel über die Starkgeisterei.	
1774 Klopstock's Gelehrtenrepublik. Seine Reise über Göttingen, Frankfurt, Darmstadt nach Carlsruhe. Lessing's Beiträge 2c. (dritter), darin: von Duldung der Deisten, Fragment eines Ungenannten (Reimarus). Wieland's Roman: Geschichte der Abderiten (im Merkur). Herder's (seit 1771 Hofpred. in Bückeburg): älteste Urkunde des Menschengeschlechts. Goethe's bürgerliches Trauerspiel Clavigo; Roman: Werther's Leiden; Lieder und Balladen („der König von Thule"). Jacob Michael Reinhold Lenz' (aus Liefland) Schauspiele: der Hofmeister, der neue Menoza. Friedrich Maximilian Klinger's Schauspiele: die Zwillinge, Sturm und Drang. Gotter's Uebersetzung Voltaire'scher Tragödien (Electra, Merope): letzte Bemühungen für das französische Drama. Johann Christian Brandes' Lustspiele (seit 1767 verfaßt). Johann Georg Jacobi's Zeitschrift Iris (zweite Periode der lyrischen Poesie Jacobi's). Friedrich Heinrich Jacobi's Roman: Allwill's Briefsammlung. Bode's Uebersetzung von Sterne's Tristram Shandy. Christian Friedrich Daniel Schubart's (aus Schwaben) Zeitschrift: deutsche Chronik. Carsten Niebuhr's Reisebeschreibung nach Arabien und andern umliegenden Ländern (Reise von 1761 bis 1767). Johann Christoph Adelung's Versuch eines vollständigen grammatisch-kritischen Wörterbuchs der hochdeutschen Mundart. Johann Bernhard Basedow's Elementarwerk. (Philanthropin zu Dessau).	1774 Gluck's Oper: Iphigenia in Aulis.

Literatur.	Gleichzeitige Ereignisse.
1775 Claudius: Werke des Wandsbecker Boten (erste Sammlung). Möser's patriotische Phantasieen (erste Sammlung). Engel's Philosoph für die Welt. Lavater's physiognomische Fragmente. Weiße's Kinderfreund. Gleim's Lehrgedicht: Halladat oder das rothe Buch. Melodramen von Gotter (Medea) und Brandes (Ariadne auf Naxos). Goethe's Singspiele: Erwin und Elmire, Claudine von Villabella; Schauspiel: Stella (hgg. 1776); Lieder an Lili. (Nov. 1775 Goethe nach Weimar.) Maler Müller's (Friedrich M.) Idyllen: Bacchidon und Milon; die Schafschur. Göttinger Musenalmanach, hgg. von Bürger und Göding k. Musenalmanach oder poetische Blumenlese, hgg. von Johann Heinrich Voß. Johann Joachim Eschenburg (zu Braunschweig) überarbeitet und vervollständigt Wieland's Uebersetzung des Shakspeare.	1775 Karl August Herzog von Weimar. Wieland, Goethe, K. L. von Knebel, Siegmund von Seckendorf, v. Einsiedel am weimarischen Hofe.
1776 Johann Anton Leisewitz' Trauerspiel: Julius von Tarent. Schröder's Bearbeitung von Shakspeare's Hamlet auf der Hamburger Bühne. Maler Müller's Faust, Genoveva (fragmentarisch). Goethe's Schauspiel: die Geschwister; das Singspiel Lila; das Monodrama Proserpina. Erklärung eines alten Holzschnittes, vorstellend Hans Sachsens poetische Sendung. (Herder als Hofprediger nach Weimar berufen). Wieland's Gandalin oder Liebe um Liebe, ein Gedicht in acht Büchern. Klamer Schmidt's Sonette (im deutschen Merkur), erste Erneuerung der Sonettendichtung. Johann Martin Miller's (aus Ulm) Roman: Siegwart, eine Klostergeschichte. Bode's Uebersetzung von Goldsmith's Dorfprediger von Wakefield. Schlözer's Briefwechsel (publicistisch).	1776 Die Hessen in englischem Solde nach Nordamerika. Unabhängigkeitserklärung der Vereinigten Staaten. Illuminatenorden. Cook's dritte Entdeckungsreise. † 1779 auf Owaihi.

Literatur.	Gleichzeitige Ereignisse.

Deutsches Museum (Zeitschrift), hgg. von Boie und Dohm.
1777 Lessing's Beiträge ꝛc. Vierter Beitrag: Fragmente aus den Papieren des Ungenannten (über Offenbarung, Durchgang der Israeliten, Auferstehungsgeschichte); Lessing's Sendschreiben: über den Beweis des Geistes und der Kraft; das Testament Johannis, ein Gespräch.
Wieland's poetische Erzählung: Geron der Adliche.
Franz Xaver Bronner's Fischeridyllen.
Leopold Friedrich Günther von Göckingk: Lieder zweier Liebenden.
Johann Heinrich Jung's biographischer Roman: Heinrich Stillings Jugend (1778: Jünglingsjahre, Wanderschaft).
Lichtenberg: über Physiognomik wider die Physiognomen.
Helfrich Peter Sturz, Erinnerungen aus dem Leben des Grafen von Bernstorff; Briefe aus England (im deutschen Museum).

1778 Lessing giebt heraus: „Von dem Zwecke Jesu und seiner Jünger, noch ein Fragment des wolfenbüttelschen Ungenannten." Streitschriften wider den Hauptpastor Goeze in Hamburg: Parabel ꝛc., nöthige Antwort ꝛc. Anti-Goeze oder nothgebrungener Beiträge ꝛc. erster bis elfter. — Ernst und Fall, Gespräche für Freimaurer, 1—3.
Musäus, physiognomische Reisen (gegen Lavater).
Herder's Volkslieder (später: Stimmen der Völker in Liedern); Lieder der Liebe (Bearbeitung des Hohenlieds).
Maler Müller's Drama: Niobe.
Bürger's Gedichte, erste Sammlung.
Friedrich Leopolds Grafen zu Stolberg Verdeutschung der Ilias (in Hexametern).
Theodor Gottlieb Hippel's (zu Königsberg) humoristischer Roman: Lebensläufe nach aufsteigender Linie.
Michael Ignaz Schmidt's (zu Würzburg, dann zu Wien): Geschichte der Deutschen.
1779 Lessing's „dramatisches Gedicht" Nathan der Weise.

1778 Bayrischer Erbfolgekrieg.

Literatur.	Gleichzeitige Ereignisse.
Klopstock: über Sprache und Dichtkunst, Fragmente (vom deutschen Hexameter, über die deutsche Rechtschreibung x.). Goethe's Jphigenie, erste Bearbeitung (in Prosa) handschriftlich verbreitet; Singspiel: Jerv und Bätely (während der Schweizerreise). Briefe aus der Schweiz. Gedichte der Brüder Christian und Friedr. Leop. zu Stolberg, hgg. von Boie. (Zwei Centauren als Vignette). Bürger's Göttinger Musenalmanach. Johann Gottwerth Müller's (von Itzehoe) komischer Roman: Siegfried von Lindenberg. F. H. Jacobi's Roman: Woldemar. Georg Forster: Reise um die Welt (nach dem Englischen seines Vaters Johann Reinhold Forster). Christoph Christian Sturm's Unterhaltungen mit Gott in den Morgenstunden. Ernst Platner's philosophische Aphorismen. Joachim Heinrich Campe's Robinson und kleine Kinderbibliothek.	
1780 Lessing: Ernst und Falk, Gespräch 4. u. 5. — Abhandlung: über die Erziehung des Menschengeschlechts. † 1781. Wieland's Oberon, ein Gedicht in vierzehn [später zwölf] Gesängen: romantisches Epos. Herder's Briefe das Studium der Theologie betreffend. Klinger's Schauspiel: die falschen Spieler. Dramatische Familiengemälde: Otto Heinrichs von Gemmingen deutscher Hausvater (nach Diderot), Gustav Friedr. Wilh. Großmann's: Nicht mehr als sechs Schüsseln. Johannes Müller (aus Schaffhausen): die Geschichten der Schweizer, erstes Buch. Johann Gottfried Eichhorn's (zu Jena, später zu Göttingen) Einleitung in das alte Testament.	1780 † Maria Theresia. Joseph II. Selbstherrscher in den östreichischen Erblanden. Friedrichs II. Schrift: de la littérature allemande.
1781 Johann Heinrich Voß (aus Sommersdorf in Mecklenburg): Homers Odyssee in Hexametern.	1781 Josephs II. Toleranzedict.

Literatur.	Gleichzeitige Ereignisse.
Immanuel Kant's (zu Königsberg) erstes philosophisches Hauptwerk: Kritik der reinen Vernunft. Friedrich Schiller's (geb. zu Marbach in Würtemberg 1759) erstes Drama: die Räuber; Anthologie auf das Jahr 1782 („gedruckt zu Tobolsko"). Friedrich Matthisson's Lieder (erste Sammlung). Wilhelm Heinse's Uebersetzung des Tasso. Engel's Lobrede auf den König [Friedrich II.]. Heinrich Pestalozzi's Volksroman: Lienhard und Gertrud. Gottlieb Jacob Planck's (zu Göttingen): Geschichte der Entstehung ꝛc. unsers protestantischen Lehrbegriffs. Adelung's deutsche Sprachlehre für Schulen.	
1782 Wieland's Uebersetzung von Horazens Briefen. Heinse's Uebersetzung von Ariost's Roland. Musäus' Volksmärchen der Deutschen. Schubart's (auf dem Hohenasperg) Ode: die Fürstengruft. Schiller's Flucht aus Stuttgart. Voß' (zu Eutin) Idylle: der siebzigste Geburtstag und Luise, erstes Fragment. Goethe's Singspiel: die Fischerin. Joseph Maria Babo's Ritterschauspiel: Otto von Wittelsbach. Lavater's Pontius Pilatus oder der Mensch in allen Gestalten. Herder: vom Geist der hebräischen Poesie. Johannes Müller's Reisen der Päpste. Ludwig Timotheus Spittler's (zu Göttingen): Grundriß der Geschichte der christlichen Kirche. Schlözer's Staatsanzeigen (Fortsetzung des Briefwechsels).	1782 Josephs II. kirchliche Reformen, Aufhebung von Klöstern ꝛc. Pius VI. Reise nach Wien. Mozart's Oper: die Entführung aus dem Serail. (1786 Don Juan, 1791 Zauberflöte.)
1783 Schiller's Trauerspiel: die Verschwörung des Fiesko. Ludwig Heinrich Christoph Hölty's († 1776) Gedichte, hgg. von Voß. Lavater's Jesus Messias oder die Evangelien und Apostelgeschichte in Gesängen.	

Literatur.	Gleichzeitige Ereignisse.
Johann Paul Friedrich Richter's (Jean Paul): grönländische Processe. Garve's Uebersetzung von Cicero's Büchern von den Pflichten nebst Abhandlungen. Zollikofer's Predigten von der Würde des Menschen. Spittler's Geschichte Würtembergs. Karl Philipp Moritz, Reisen eines Deutschen in England. Berliner Monatsschrift, hgg. von Biester und Gedike.	
1784 Klopstock's Bardiet: Hermann und die Fürsten. Fr. L. zu Stolberg: Jamben (satirische Gedichte). Schiller's bürgerliches Trauerspiel: Cabale und Liebe. August Wilhelm Iffland's Familiengemälde: Verbrechen aus Ehrsucht. Aloys Blumauer (zu Wien): Virgils Aeneis travestirt. Konrad Arnold Kortum's Jobsiade.	
1785 Herder beginnt die Sammlung der „zerstreuten Blätter"; (darin: Parabeln, Paramythien, Legenden, Blumen aus morgenländischen Dichtern, Epigramme der griechischen Anthologie ɪc.). Voß' Gedichte, erste Sammlung. Schiller's (rheinische) Thalia (erste Scenen des Don Carlos). S. reist von Mannheim nach Leipzig und Dresden zu Körner: Lied an die Freude, philosophische Briefe. Iffland's Schauspiel: die Jäger, „ein ländliches Sittengemälde". Joh. Friedrich Jünger's (aus Leipzig) Lustspiele, erste Sammlung. Engel's Ideen zu einer Mimik. August Kotzebue's (aus Weimar) Roman: die Leiden der Ortenbergischen Familie. Moritz' biographischer Roman: Anton Reiser. F. H. Jacobi über die Lehre des Spinoza. Streit mit Mendelssohn über Lessing's Spinozismus. Mendelssohn's Morgenstunden oder Vorlesungen über das Dasein Gottes. — † 1786.	1785 Deutscher Fürstenbund durch Friedrich II. Der Halsbandproceß in Frankreich. Betrügereien Cagliostro's.

Literatur.	Gleichzeitige Ereignisse.
Kant's Grundlegung zur Metaphysik der Sitten.	
Karl Leonhard Reinhold's Briefe über die Kantische Philosophie (im D. Merkur).	
Göttingisches Magazin für Wissenschaft und Literatur, herausgg. von Lichtenberg und Forster.	
Allgemeine Jenaer Literaturzeitung, erster Jahrgang.	
1786 Schubart's Hymnus auf Friedrich den Großen.	1786 † Friedrich der Große. Friedrich Wilhelm II. König von Preußen (1786—1797).
Wieland's Uebersetzung und Erläuterung von Horazens Satiren.	
Schröder's Beiträge zur deutschen Schaubühne (das rührende Familiengemälde: der Vetter aus Lissabon).	
Bode übersetzt Fieldings Roman: Tom Jones.	
Moritz' Versuch einer deutschen Prosodie.	
Johannes Müller's Umarbeitung und Fortsetzung der Schweizergeschichte: „Geschichte der schweizerischen Eidgenossenschaft".	
Spittler's Geschichte von Hannover.	
Kant's metaphysische Anfangsgründe der Naturwissenschaft.	
Franz Volkmar Reinhard's (zu Wittenberg, später zu Dresden) Predigten, erste Sammlung.	
1787 Klopstock's Bardiet: Hermanns Tod.	
Chr. und Fr. L. zu Stolberg: Schauspiele mit Chören; Chr. Stolberg's Uebersetzung des Sophokles.	
Goethe in Italien: metrische Bearbeitung der Iphigenie im Jan. zu Rom vollendet; Egmont (1775 begonnen und 1782 fast abgeschlossen) im September vollendet; Erwin und Elmire umgearbeitet. Erste Sammlung seiner „Schriften".	
Johann Baptist von Alxinger (aus Wien) romantisches Epos: Doolin von Mainz.	
Heinse's Roman: Ardinghello oder die glückseligen Inseln.	
F. H. Jacobi: David Hume, über den Glauben oder Idealismus und Realismus.	
Herder: Gott, einige Gespräche.	
Schiller's Don Carlos. (Schiller nach Weimar.)	

| Literatur. | Gleichzeitige Ereignisse. |

1788 **Goethe** bis gegen den Juni in Italien: Umarbeitung des Singspiels Claudine von Villabella; Künstlers Apotheose; Bearbeitung des Tasso.
Schiller: „die 'Götter Griechenlands". — **Stolberg's** Gedanken über Sch. Gedicht ꝛc. (im Deutsch. Muf.).
Schiller's Briefe über Don Carlos und erster historischer Versuch: Geschichte des Abfalls der Vereinigten Niederlande [bis Alba's Ankunft].
Johann Wilhelm von Archenholz' Geschichte des siebenjährigen Kriegs (im Berliner histor. Taschenb. für 1789).
Kant's Kritik der praktischen Vernunft.

1789 **Klopstock's** Ode: Ludwig der Sechzehnte. **Goethe** beendigt das Schauspiel Torquato Tasso; beginnt die Ausarbeitung der römischen Elegieen. Das römische Carneval.
Voß' Uebersetzung und Erklärung von Virgils Landbau.
Schiller's Lehrgedicht: die Künstler. Roman: der Geisterseher. Akademische Antrittsrede zu Jena: Was heißt und zu welchem Ende studirt man Universalgeschichte?
Reinhold's Versuch einer neuen Theorie des menschlichen Vorstellungsvermögens.
Kotzebue's Schauspiel: Menschenhaß und Reue.
Jean Paul: Auswahl aus des Teufels Papieren.

1789 Die Berufung der états généraux nach Versailles. Erstürmung der Bastille in Paris. **Französische Revolution.**

1790 **Klopstock's** Ode: „Sie und nicht Wir!" **Friedrich August Müller's** (zu Wien) Rittergedicht: Richard Löwenherz.
Forster übersetzt Kalidasa's indisches Drama Sacontala aus dem Englischen des Jones.
Forster's Ansichten vom Niederrhein, Brabant, Flandern ꝛc.
Goethe's venetianische Epigramme (Aufenthalt in Venedig 1790). Herausgabe der ältesten Scenen des Faust als Fragment. Versuch die Metamorphose der Pflanzen zu erklären.

1790—1792 Kaiser Leopold II.

Literatur.	Gleichzeitige Ereignisse.
Schiller's historische Abhandlungen: Ueber die erste Menschengesellschaft, die Sendung Moses, die Gesetzgebung des Lycurgus, über Völkerwanderung, Kreuzzüge und Mittelalter und andere zur Einleitung der allgemeinen Sammlung historischer Memoiren. **Geschichte des dreißigjährigen Kriegs** (im histor. Kalender für Damen). **Kant's Kritik der Urtheilskraft.**	
1791 Wieland's Roman: Peregrinus Proteus. Thümmel's Reise in die mittäglichen Provinzen von Frankreich. Alxinger's Rittergedicht: Bliomberis. Friedrich Haug (aus Würtemberg): Sinngedichte, erste Sammlung. Goethe's Beiträge zur Optik (gegen Newton's Farbentheorie); Prolog zur Eröffnung des neuen Theaters in Weimar (Goethe übernimmt die Leitung des Theaters).	1791 Französische Constitution. Jacobinerklubb.
1792 August Lafontaine's Roman: Gemälde des menschlichen Herzens: Beginn seiner Herzens- und Familiengemälde. A. L. F. L. von Knigge's komischer Roman: die Reise nach Braunschweig. A. F. E. Langbein's Schwänke. Goethe's Lustspiel: der Großkophta (1791 verfaßt). Schiller's neue Thalia 1. 2. Band; darin die **philosophischen Abhandlungen**: über den Grund des Vergnügens an tragischen Gegenständen, über die tragische Kunst. Johann Gottlieb Fichte's Versuch einer Kritik aller Offenbarung.	1792 Franz II. Kaiser. Feldzug der Oestreicher und Preußen nach der Champagne (Karl August von Weimar in der preußischen Armee, Goethe sein Begleiter). Sturz des französischen Königthums. Französische Republik. Die Clubbisten in Mainz. (Georg Forster).
1793 Voß: Homer's Werke (Ilias und Odyssee in neuer Bearbeitung). Goethe's Lustspiel: der Bürgergeneral. Reinecke Fuchs in Hexametern (gedruckt 1794). Iffland's Schauspiel: die Hagestolzen. Johann Gaudenz von Salis-Seewis (aus Graubünden) Gedichte. **Kant's Religion innerhalb der Grenzen der bloßen Vernunft.** Schiller's Thalia, Band 3. 4., darin die philosophischen Abhandlungen: über Anmuth und Würde, vom Erhabenen, zerstreute Be=	1793 Hinrichtung Ludwigs XVI. Schreckensherrschaft in Frankreich. Krieg der ersten Coalition. Wiedereroberung von Mainz durch die Verbündeten.

Literatur.	Gleichzeitige Ereignisse.
trachtungen über verschiedene ästhetische Gegenstände. **Herder's** Briefe zur Beförderung der Humanität. **Hippel's** Kreuz- und Querzüge des Ritters A bis Z. **Jean Paul's** humoristischer Roman: die unsichtbare Loge. **Spittler's** Entwurf der Geschichte der europäischen Staaten. Arnold Hermann Ludwig **Heeren** (zu Göttingen): Ideen über die Politik, den Verkehr und den Handel der vornehmsten Völker der alten Welt. Christoph Friedrich von **Ammon's** (zu Göttingen, dann zu Dresden) Predigten, erste Sammlung. Ludwig **Tieck's** Uebersetzung von Shakspeare's Sturm nebst einer Abhandlung: Shakspeare's Behandlung des Wunderbaren.	
1794 **Goethe's** Roman: **Wilhelm Meister's Lehrjahre** (begonnen 1777, fortgesetzt bis zum 6. Buch 1782—85). **Schiller's** Ankündigung der Horen. **Freundschaft mit Goethe.** **Voß'** mythologische Briefe. **Lichtenberg's** Erklärung der Hogarth'schen Kupferstiche. **Fichte's** Grundlage der gesammten Wissenschaftslehre.	1794 Ende der Robespierre'schen Dictatur in Frankreich.
1795 **Schiller's** Zeitschrift: **die Horen;** Musenalmanach. Abhandlungen: Briefe über ästhetische Erziehung; über die nothwendigen Grenzen beim Gebrauch schöner Formen; über naive und sentimentalische Dichtkunst. Gedichte: das Reich der Schatten, der Spaziergang, das Ideal und das Leben, Macht des Gesanges u. and. **Herder's** Terpsichore (Balde's Gedichte in Uebersetzungen); Abhandlungen über **Homer** (in den Horen). **Goethe's** römische Elegieen und Episteln (in den Horen), venetianische Epigramme (in dem Musenalmanach); Unterhaltungen deutscher	1795 Preußen schließt mit der französischen Republik den Frieden zu Basel. Die Demarcationslinie Norddeutschlands. Die französische Republik unter der Directorialregierung. F. A. **Wolf's** Prolegomena ad Homerum (Kritik der Entstehung der homerischen Gesänge).

Literatur.	Gleichzeitige Ereignisse.
Ausgewanderten (darunter: das „Märchen" von der verzauberten Lilie). Voß' Luise in drei Idyllen. Balerius Wilhelm Neubeck's (zu Steinau in Schlesien) Lehrgedicht: die Gesundbrunnen. Jean Paul's Hesperus oder vierzig Hundsposttage. Tieck's Romane: Abballah (seit 1791 bearbeitet); William Lovel (seit 1793); Peter Lebrecht, eine Geschichte ohne Abenteuerlichkeiten.	
1796 Goethe's und Schiller's Xenien, Votivtafeln und andere Epigramme im Musenalmanach für 1797: „das Epigrammenjahr". Goethe's Idylle: Alexis und Dora. Beendigung von Wilhelm Meisters Lehrjahren. Schiller's Abhandlungen: über das Erhabene, über den moralischen Nutzen ästhetischer Sitten. Gedichte: die Würde der Frauen, das Mädchen aus der Fremde u. and. Wieland's attisches Museum. Roman: Agathodämon (vollst. hgg. 1799). August Wilhelm Schlegel's Kritiken von Goethe's römischen Elegieen und Voß' Uebersetzung des Homer. Jean Paul's Quintus Fixlein; Blumen-, Frucht- und Dornenstücke oder Ehestand, Tod und Hochzeit des Armenadvocaten Siebenkäs. Eichhorn's allgemeine Geschichte der Cultur und Literatur des neuern Europa. August Hermann Niemeyer's Grundsätze der Erziehung und des Unterrichts.	1796 Erzherzog Karl von Oestreich schlägt die Franzosen. Moreau's Rückzug. Napoleon Bonaparte's Siege in Italien.
1797 Xenienkampf: Gegengeschenke von Manso, Gleim, Nicolai, Fulda u. And. Goethe's Hermann und Dorothea. Elegieen: der neue Pausias, die Metamorphose der Pflanzen. Balladen: der Zauberlehrling, die Braut von Korinth, der Gott und die Bajadere. (Fortsetzung des Faust: Zueignung). Bearbeitung der Selbstbiographie des Benvenuto Cellini. Schiller's Balladen und Romanzen: der Ring des Polykrates, der Taucher, die Kraniche des Ibykus, Ritter Toggenburg, der	1797—1840 Friedrich Wilhelm III. König von Preußen. Oestreich schließt 1797 mit der französischen Republik den Frieden zu Campo Formio.

Literatur.	Gleichzeitige Ereignisse.
Handschuh, der Gang nach dem Eisenhammer: „das Balladenjahr". Wieland's Uebersetzungen des Aristophanes (im Att. Muf.). A. W. Schlegel's Ballade: Arion; Prometheus (in Terzinen). Uebersetzung Shakspeare's. Recension von Goethe's Hermann und Dorothea. Jean Paul's Campanerthal oder über die Unsterblichkeit der Seele. Tieck: Peter Lebrecht's Volksmärchen (Blaubart, gestiefelter Kater u. and.). Friedrich Hölderlin's Hyperion oder der Eremit in Griechenland; Gedichte (Oden). Karoline von Wolzogen (Schiller's Schwägerin): Agnes von Lilien. Wilhelm Heinrich Wackenroder's Herzensergießungen eines kunstliebenden Klosterbruders. Kant's metaphysische Anfangsgründe der Tugendlehre. Fichte's und Niethammer's (zu Jena) philosophisches Journal (darin: Fichte's Versuch einer neuen Darstellung der Wissenschaftslehre). Friedrich Wilhelm Joseph Schelling's (aus Würtemberg) Ideen zu einer Philosophie der Natur. Karl Ludwig Woltmann's Geschichte der europäischen Staaten (Bd. 1. Geschichte Frankreichs).	
1798 Klopstock's letzte Revision des Messias und der Oden in der Ausgabe der Werke. Goethe's Zeitschrift: Propyläen (Abhandlungen: über Laokoon, über Wahrheit und Wahrscheinlichkeit der Kunstwerke, der Sammler und die Seinigen). Elegie: Euphrosyne; Epigramme: die Weissagungen des Bakis. Schiller's „Wallensteins Lager" zur Einweihung des Weimarer Theaters am 12. Oct. mit einem Prolog aufgeführt. Balladen: die Bürgschaft; der Kampf mit dem Drachen. Voß' Uebersetzung von Ovids Verwandlungen. Karl Ludwig von Knebel's Uebersetzung der Elegieen des Properz.	1798 Friedenscongreß zu Rastatt. Helvetische demokratische Republik Bonaparte's Feldzug nach Aegypten. Die Entdeckungen u. Alterthumsforschungen französischer Gelehrten in Aegypten. Cuvier über vergleichende Anatomie.

Literatur.	Gleichzeitige Ereignisse.
A. W. und Friedr. Schlegel's Zeitschrift: Athenäum. Friedrich Schlegel's Geschichte der Poesie der Griechen und Römer; Recension von Goethe's W. Meister. Tieck's humoristisches Drama: die verkehrte Welt. Künstlerroman: Franz Sternbald's Wanderungen (nach Wackenroder's Entwurf). Fichte's System der Sittenlehre. Schelling: von der Weltseele, eine Hypothese der höhern Physik ꝛc. nebst einer Abhandlung über das Verhältniß des Idealen und Realen in der Natur. Wilhelm Gottlieb Tennemann's Geschichte der Philosophie.	
1799 Goethe's Achilleis (erster Ges.); Uebersetzung von Voltaire's Mahomet. Schiller's Piccolomini und Wallensteins Tod aufgeführt (Wallenstein gedruckt 1800); Lied von der Glocke. Boß' Uebersetzung von Virgils Werken. A. W. Schlegel's Elegie: die Kunst der Griechen. Fr. Schlegel's Roman: Lucinde. Tieck's „romantische Dichtungen": Prinz Zerbino oder die Reise zum guten Geschmack. Uebersetzung von Cervantes' Don Quixote. Jean Paul's Briefe und bevorstehender Lebenslauf. Kant's metaphysische Anfangsgründe der Rechtslehre. (Kant † 1804.) Schelling's erster Entwurf eines Systems der Naturphilosophie. Friedrich Schleiermacher: über die Religion, Reden an die Gebildeten unter ihren Verächtern. Wilhelm von Humboldt's ästhetische Versuche (über Goethe's Hermann und Dorothea). Gottfried Hermann's (zu Leipzig) Handbuch der Metrik.	1799 Siege der zweiten Coalition in Italien. Revolution des 18. Brumaire in Frankreich. Bonaparte's Consularherrschaft. Reaction.
1800 Schiller's Maria Stuart; Gedichte, Sammlung. — (Schiller zieht nach Weimar.) Goethe übersetzt Voltaire's Tancred. A. W. Schlegel's Gedichte, erste Sammlung (darin: Sonette, Canzonen; erste Anwendung der Assonanzen).	1800 Bonaparte's Sieg bei Marengo, Moreau's Sieg bei Hohenlinden.

Literatur.	Gleichzeitige Ereignisse.
Tieck's Leben und Tod der heil. Genoveva, ein Trauerspiel. Johann Dietrich Gries' Uebersetzung von Tasso's befreitem Jerusalem. Amalie von Helvig (geb. v. Imhof): die Schwestern von Lesbos, idyllisches Epos. Luise Brachmann; Sophie Mereau (Brentano): Gedichte. Wieland's (letzter) Roman: Aristipp. Jean Paul's Roman: Titan (Hauptwerk). Herder's Kalligone [Aesthetik], gegen Kant gerichtet. Fichte, über die Bestimmung des Menschen. Schleiermacher's Monologen. Schelling's System des transcendentalen Idealismus.	
1801 Herder's Abrastea (Begebenheiten und Charaktere des achtzehnten Jahrhunderts). Christoph August Tiedge's Lehrgedicht: Urania. Johann Gottfried Seume's Gedichte. Engel's Roman: Herr Lorenz Stark, ein Charaktergemälde. Kotzebue, das merkwürdigste Jahr meines Lebens. A. W. und Fr. Schlegel: Charakteristiken und Kritiken. Schiller's „romantische" Tragödie: Jungfrau von Orleans. Bearbeitung von Shakspeare's Macbeth. Musenalmanach (für 1802) von A. W. Schlegel und Tieck; darin Gedichte von Schelling (die letzten Worte des Pfarrers zu Drottning auf Seeland), geistliche Lieder und andere Ged. von Novalis (Friedrich von Hardenberg), † 1801. Schleiermacher's Predigten, erste Sammlung. Friedrich Gentz, über den politischen Zustand Europa's vor und während der französischen Revolution; Betrachtungen über den Ursprung und Charakter des Krieges gegen die fr. Rev. Pestalozzi: wie Gertrud ihre Kinder lehrt. Bouterwek's Geschichte der Poesie und Beredsamkeit.	1801 Friede zu Luneville: das linke Rheinufer französisch. Säcularisationen. Herstellung des Kirchenthums in Frankreich.

Literatur.	Gleichzeitige Ereignisse.
1802 **Klopstock**: die höhern Stufen (letzte der Oden), † 1803. **Herder**: der Cid nach spanischen Romanzen (Proben in der Adrastea, vollständig hgg. 1805). H. † 1803. **Voß** (1802—1805 in Jena) Zeitmessung der deutschen Sprache. **Jens Baggesen's** (aus Corsör auf Seeland) idyllisches Epos: Parthenais oder die Alpenreise (verfaßt 1795. 96). **Goethe's** Vorspiel: Was wir bringen, zur Eröffnung des neuen Theaters in Lauchstädt. **Schiller's** Bearbeitung von Gozzi's Turandot. **Heinrich Josephs von Collin** (zu Wien) Trauerspiel: Regulus. **Fr. Schlegel's** Trauerspiel: Alarcos. **Clemens Brentano's** Lustspiel: die lustigen Musikanten. **Novalis'** Schriften, hgg. von Fr. Schlegel und Tieck, enthaltend: Heinrich von Ofterdingen (Fragment), Hymnen an die Nacht, geistliche Lieder. **Karl Christian Ernst von Benzel-Sternau**: das goldene Kalb (eine humoristische Schilderung des Lebens). **Schelling's** Bruno oder über das göttliche und natürliche Princip der Dinge.	1802 Friede zu Amiens zwischen England und der französischen Republik. Universität zu Landshut. Blüthe des Weimarer Theaters unter Goethe's Intendanz, des Berliner Theaters unter Iffland's Direction. Beethoven's Symphonieen.
1803 **Schiller's** Braut von Messina, Trauerspiel „mit Chören". **A. W. Schlegel's** Schauspiel: Jon. Spanisches Theater 1. Bd. (Ueberf. einiger Dramen Calderon's). **Zacharias Werner's** Schauspiel: die Söhne des Thals. **Heinrichs von Kleist** Trauerspiel: die Familie Schroffenstein. **August Mahlmann's** Parodie der Kotzebue'schen Thränenstücke: „Herodes vor Bethlehem, ein Schau-, Trauer- und Thränenspiel". **Tieck's** Minnelieder aus dem schwäbischen Zeitalter, neu bearbeitet. **Johann Peter Hebel's** (aus Basel) allemannische Gedichte. **Jean Paul's** Flegeljahre.	1803 Reichsdeputationshauptschluß. Preußens Ausdehnung im katholischen Westphalen, Bayerns Vergrößerung in Franken ꝛc.

Literatur.	Gleichzeitige Ereignisse.
Goethe's Leben des Benvenuto Cellini (vollständig) mit kunstgeschichtlichen Abhandlungen. Seume's Spaziergang nach Syrakus. Schelling, über die Methode des akademischen Studiums. 1804 Goethe's Tragödie: die natürliche Tochter, erster Theil (bearbeitet 1801—1803). Schiller's Schauspiel: Wilhelm Tell; Festspiel: die Huldigung der Künste; Bearbeitung von Racine's Phädra. Tieck's Lustspiel: Kaiser Octavianus (bearbeitet 1801. 1802). Ernst Moritz Arndt's Gedichte, erste Sammlung. A. W. Schlegel's Blumensträuße der italienischen, spanischen und portugiesischen Poesie. Gries' Uebersetzung von Ariosto's rasendem Roland. Schleiermacher's Uebersetzung von Platons Werken. Jean Paul's Vorschule der Aesthetik. Johann Heinrich Bernhard Dräseke's Predigten für denkende Verehrer Jesu (erste Predigtsammlung).	1804 Kaiser Napoleon I. Krönung durch den Papst. Akademie der Wissenschaften zu München (F. H. Jacobi Präsident). Anstellung protestantischer Gelehrten in Bayern. Erneuerung der Universität zu Heidelberg. Gall's Schädellehre. Alexander von Humboldt's Reisen in Amerika (1799—1804).
1805 Schiller † 9. Mai (Fragment des Demetrius). Goethe's Epilog zu Schiller's Glocke (dramatisch aufgeführt zu Lauchstädt d. 10. Aug.). Goethe (in Verbindung mit Heinrich Meyer und F. A. Wolf): Winckelmann und sein Jahrhundert. A. W. Schlegel's Elegie Rom, an Frau von Stael. (Fr. Schlegel tritt zur katholischen Kirche über). Friedrich Adolf Krummacher's Parabeln. Ernst Wagner's Roman: Wilibalds Ansichten des Lebens.	1805 Krieg der dritten Coalition. Napoleons Sieg bei Austerlitz und Friede zu Preßburg. Tyrol an Bayern.
1806 Ludwig Achim von Arnim und Cl. Brentano: des Knaben Wunderhorn [Sammlung und Bearbeitung deutscher Volkslieder]. Voß' Uebersetzung des Horaz. Schleiermacher: die Weihnachtsfeier, ein Gspräch (novellistisch).	1806 Rheinbund und Mediatisirung unter französischem Protectorate. Auflösung des deutschen Reichs. Preußens Niederlagen bei Auerstädt und Jena. Die Franzosen in Berlin. Uebergabe preußischer Fe-

Literatur.	Gleichzeitige Ereignisse.
Ernst Wagner's Roman: die reisenden Maler. Werner's Drama: das Kreuz an der Ostsee. Adam Müller's Vorlesungen über deutsche Wissenschaft und Literatur. Ernst Moritz Arndt's Geist der Zeit. Fichte's Vorlesungen über das Wesen des Gelehrten. Alexander von Humboldt (geb. 1769 zu Berlin): Ideen zu einer Physiognomik der Gewächse.	stungen. Königreich Westphalen (Joh. v. Müller). „Deutschland in seiner tiefsten Erniedrigung."
1807 Goethe's Novellen: St. Joseph der zweite, die neue Melusine, die pilgernde Thötin u. and.; Sonette. Faust, erster Theil. Jean Paul's Levana oder Erziehlehre. Werner's Martin Luther oder die Weihe der Kraft. Friedrich Heinrich von der Hagen erneuert das Nibelungenlied. Joseph Görres, die deutschen Volksbücher. Friedrich August Wolf's Museum der Alterthumswissenschaft (1. Bd. Darstellung der Alterthumswissenschaft). Georg Wilhelm Friedrich Hegel's System der Wissenschaft, Thl. I. Phänomenologie des Geistes. Friedrich Wilken's Geschichte der Kreuzzüge.	1807 Continentalsystem; Friede zu Tilsit.
1808 Goethe's dramatische Dichtung Pandora (in der Wiener Zeitschrift Prometheus; 1. Act hgg. als Taschenbuch für 1810). Wieland's Uebersetzung von Cicero's Briefen. Karl Wilhelm Ferd. Solger's Uebersetzung der Tragödien des Sophokles. Fr. Schlegel, über die Sprache und Weisheit der Inder. Görres' Mythengeschichte der asiatischen Welt. Adam Oehlenschläger's „dramatisches Gedicht": Aladdin oder die Wunderlampe. Ernst Wagner's Roman: Reisen aus der Fremde in die Heimath. Caroline Pichler, Roman: Agathokles. Schelling, über das Verhältniß der bildenden Kunst zur Natur.	1808 Spanischer Krieg. Congreß zu Erfurt (Napoleon und Alexander von Rußland). Orden der Ehrenlegion an Goethe und Wieland. Reformen in Preußen durch Stein, Hardenberg. Scharnhorst. Der deutsche Tugendbund.

Literatur.	Gleichzeitige Ereignisse.
Alexander von Humboldt's Ansichten der Natur.	
Gotthilf Heinrich Schubert's Ansichten von der Nachtseite der Naturwissenschaft.	
Fichte's Reden an die deutsche Nation (zu Berlin gehalten).	
Karl Friedrich Eichhorn's deutsche Staats- und Rechtsgeschichte.	
Hebel's rheinländischer Hausfreund.	
Klaus Harms' (zu Kiel) Winterpostille (Predigtsammlung).	
1809 Goethe's Roman: die Wahlverwandtschaften.	1809 Oestreichischer Krieg. Aufstand in Tyrol unter Andreas Hofer. Sieg Erzherzog Karls bei Aspern, Niederlage bei Wagram. Wiener Friede. Französische Formen im Süden und Westen von Deutschland.
Jean Paul's satirischer Roman: Katzenbergers Badereise.	
Fr. Schlegel's Gedichte.	
A. W. Schlegel's Spanisches Theater, 2. Bd.; Vorlesungen über dramatische Kunst und Literatur.	
Oehlenschläger's Trauerspiel: Hakon Jarl.	
Heinrichs von Kleist Prinz von Homburg (gedruckt in Kleist's hinterlassenen Schr. hgg. v. Tieck, 1821).	
L. A. von Arnim Wintergarten (Sammlung von Novellen).	
Schelling, über das Wesen der menschlichen Freiheit.	
Lorenz Oken's Lehrbuch der Naturphilosophie.	
1810 Goethe's Farbenlehre.	1810 Holland und die nördliche Küste von Deutschland zum französischen Kaiserreich. Universität zu Berlin (Fichte, Wolf, Schleiermacher).
H. von Kleist Käthchen von Heilbronn; Erzählungen (Michael Kohlhaas).	
Arnim's Roman: Armuth, Reichthum, Schuld und Buße der Gräfin Dolores.	
Friedr. de la Motte-Fouqué: der Held des Nordens.	
Friedrich Creuzer's Symbolik und Mythologie der alten Völker.	
Joseph von Hammer's Fundgruben des Orients.	
1811 Goethe: Aus meinem Leben, Dichtung und Wahrheit.	1811 Universität zu Breslau. Erneuerung der Berliner Akademie der Wissenschaften.
Jean Paul: das Leben Fibels.	
Tieck's altenglisches Theater.	

Literatur.	Gleichzeitige Ereignisse.
Fr. Schlegel hält zu Wien Vorlesungen über die Geschichte der älteren und neueren Literatur (hgg. 1812). Jacob Grimm: über den altdeutschen Meistergesang. F. A. Wolf's Uebersetzung der Wolken des Aristophanes. Barthold Georg Niebuhr's Römische Geschichte. Fr. H. Jacobi: von den göttlichen Dingen. Heinrich Wilhelm Brandes, die Lehren der Astronomie in Briefen 2c.	
1812 Schiller's Werke, erste Gesammtausgabe. Tieck's Phantasus (Sammlung romantischer Dichtungen mit novellistischer Einkleidung). Arnim's Novellen (Isabelle von Aegypten u. and.). Fouqué's Märchen: Undine. Theodor Körner's Dramen: Zriny, Rosamunde. Friedrich Jacobs' Roman: Rosaliens Nachlaß. Ulrich Hegner's (aus Winterthur) Roman: die Molkenkur. Ludwig Uhland's (aus Tübingen) Lieder und Romanzen im „deutschen Dichterwald" und „Fouqué's Musen"; Abhandlung „über das altfranzösische Epos". Jacob und Wilhelm Grimm's Kinder- und Hausmärchen. W. von Humboldt's Untersuchungen über die Urbewohner Spaniens vermittelst der baskischen Sprache. Hegel's Wissenschaft der Logik. Heinrich Gottlieb Tzschirner's (zu Leipzig) Predigten, erste Sammlung.	1812 Napoleons russischer Feldzug und Vernichtung der großen Armee. York's Convention von Tauroggen. Lord Byron's Childe Harold.
1813 Goethe's Rede zum Andenken Wieland's († 1813). Arndt's Lieder für Deutsche. Theodor Körner's zwölf freie deutsche Lieder. † 1813. (Leier und Schwert, hgg. 1814.) Friedrich August von Stägemann's Kriegsgesänge.	1813 Preußens Erhebung im Bunde mit Rußland. Schlachten bei Lützen und Bautzen. Die Schaaren der Freiwilligen. Oestreichs Kriegserklärung. Siege bei Großbeeren, Culm, an der Katzbach (Blücher von Wahlstatt) und Dennewitz (Bülow).

Literatur.	Gleichzeitige Ereignisse.
Joseph von Hammer's Uebersetzung von Hafis' Divan (aus dem Persischen). Oken's Lehrbuch der Naturgeschichte.	Völkerschlacht bei Leipzig. Auflösung des Rheinbundes und Uebergang der Rheinbundfürsten zu den verbündeten Großmächten.
1814 Goethe's Festspiel: des Epimenides Erwachen. Arndt's Kriegslieder der Deutschen; deutsche Wehrlieder. Friedrich Rückert (aus Schweinfurt): deutsche Gedichte von Freimund Raimar. Adalbert von Chamisso (aus der Champagne): Peter Schlemihls wundersame Geschichte. Ernst Theodor Amadeus Hoffmann's Phantasiestücke in Callots Manier.	1814 Kampf der Verbündeten in Frankreich. Einnahme von Paris. Napoleons Absetzung und Restauration der Bourbons. Herstellung des Ordens der Jesuiten durch Pius VII. Wiener Congreß. Walter Scott's historische Romane (Waverley-Novellen.)
1815 Maximilian von Schenkendorf's Gedichte. Werner's Drama: der vierundzwanzigste Februar. Adolf Müllner's Trauerspiel: die Schuld. Schicksalstragödien. Gries' Uebersetzung von Trauen Calderons. Ernst Schulze's (zu Göttingen) „romantisches Gedicht" Cäcilia beendigt (hgg. 1818). Uhland's Gedichte, erste Sammlung. Solger's Erwin, vier Gespräche über das Schöne und die Kunst. Friedrich Christoph Schlosser's Weltgeschichte in zusammenhängender Erzählung.	1815 Napoleons Rückkehr und Niederlage bei Waterloo (Belle Alliance). Zweiter Pariser Friede und heilige Allianz. Deutschland ein Staatenbund; Preußen als Großmacht. Landständische Verfassungen. Burschenschaft. Turnanstalten. Die Romantiker in Frankreich: Beranger, Lamartine, Delavigne.
1816 Tieck's Fortunat, ein Märchen in fünf Aufzügen. Fouqué's Zauberring; Gedichte. Hoffmann's Nachtstücke. Oehlenschläger's Correggio. Goethe's Zeitschrift: Kunst und Alterthum. Redaction der italienischen Reiseschilderungen. Karl Lachmann: über die ursprüngliche Gestalt des Gedichts von der Nibelungen Noth.	1816 Frankfurter Bundesversammlung.
1817 Goethe: zur Naturwissenschaft und Morphologie; Geschichte meines botanischen Studiums. Hegel's Encyklopädie der philosophischen Wissenschaften.	1817 Wartburgsfest; Reformationsjubiläum. Universität Halle-Wittenberg.

Literatur.	Gleichzeitige Ereignisse.
Karl Ritter's Erdkunde im Verhältniß zur Natur und zur Geschichte des Menschen. August Böckh's Staatshaushaltung der Athener. Müllner's Tragödie: König Yngurd. Franz Grillparzer's Tragödie: die Ahnfrau. Uhland's Trauerspiel: Herzog Ernst von Schwaben; vaterländische Gedichte. Ernst Schulze († 1817), die bezauberte Rose (in der Urania für 1818). Rückert's Kranz der Zeit. Edelstein und Perle. Franz Theremin's Predigten, erste Sammlung.	
1818 Arndt's Gedichte: Märchen und Jugenderinnerungen.	1818 Congreß zu Aachen. Universität zu Bonn. Hegel als Lehrer der Philosophie in Berlin.
1819 Goethe's westöstlicher Divan (mit erläuternden Abhandlungen über Cultur und Poesie des Orients). Uhland's Drama: Ludwig der Baier. Grillparzer's Drama: Sappho. Joseph von Zedlitz' Drama: Turturell. Johann Ladislav Pyrker's (Erzbisch. zu Erlau in Ungarn) episches Gedicht: Tunisias in zwölf Gesängen. Hoffmann's Novellensammlung: die Serapionsbrüder. Johanna Schopenhauer, Roman: Gabriele. Jacob Grimm's deutsche Grammatik. Friedrich Manso (zu Breslau): Geschichte des preußischen Staats seit dem Hubertsburger Frieden.	1819 Ermordung Kotzebue's durch Sand. Karlsbader Beschlüsse über Presse, Universitäten ꝛc. Untersuchung demagogischer Umtriebe. — Freiherr von Stein stiftet die Gesellschaft für ältere deutsche Geschichtskunde.
1820 Jean Paul's Roman: der Komet. Hoffmann's Lebensansichten des Katers Murr. A. W. Schlegel's (zu Bonn) indische Bibliothek. Otfried Müller's (zu Göttingen) Geschichten hellenischer Stämme und Städte.	1820 Aufstände in Italien und Spanien. Congreß zu Troppau. Wiener Schlußacte.
1821 Goethe's Roman: Wilhelm Meisters Wanderjahre. Tieck's Novelle „die Gemälde" (in Wendt's Taschenb. ꝛc. für 1822): Beginn seiner no=	1821 Aufstand der Griechen. Congreß zu Laibach. Philhellenen. Karl Maria von Weber's Oper: der Freischütz.

Literatur.	Gleichzeitige Ereignisse.
vellistischen Thätigkeit. Sammlung seiner lyrischen Gedichte. Voß' Uebersetzung des Aristophanes. Knebel's Uebersetzung des Lucretius. Pyrker's epische Dichtung: Perlen der heiligen Vorzeit. Ernst von Houwald's Dramen: die Heimkehr, das Bild u. and. August Graf von Platen (aus Ansbach): lyrische Blätter (seit 1813); Ghaselen. Wilhelm Müller's (aus Dessau) Gedichte „aus den hinterlassenen Papieren eines reisenden Waldhornisten". Heinrich Hoffmann's (von Fallersleben) Lieder, erste Sammlung. Georg Philipp Schmidt's (von Lübeck) Gedichte, erste Sammlung. Schleiermacher: der christliche Glaube nach den Grundsätzen der evangelischen Kirche.	
1822 August Gottlob Eberhard's idyllische Dichtung: Hannchen und die Küchlein. Grillparzer's Drama: das goldene Vließ. Rückert's östliche Rosen. W. Müller's Lieder der Griechen. Heinrich Zschokke, des Schweizerlands Geschichten für das Schweizervolk; Novellen und Erzählungen.	1822 Union der evangelischen Kirche in Preußen (Agende). Congreß zu Verona.
1823 Platen's Lustspiel: der gläserne Pantoffel. Tieck: Shakspeare's Vorschule. Voß' Antisymbolik (gegen Creuzer). Voß † 1826. F. Chr. Schlosser's Geschichte des achtzehnten Jahrhunderts. Friedrich von Raumer's Geschichte der Hohenstaufen und ihrer Zeit.	
1824 Pyrker's Rudolf von Habsburg in zwölf Gesängen. Platen's Lustspiele: der Schatz des Rhampsinit, Berengar. Friedrich Jacobs' Erzählungen. Otfried Müller, die Dorier. Leopold Ranke's Geschichte der germanischen und romanischen Völkerschaften. Karl August Varnhagen's von Ense biographische Denkmale.	1824 Lord Byron † zu Missolunghi.

| Literatur. | Gleichzeitige Ereignisse. |

Joh. Friedr. Herbart, Psychologie als Wissenschaft.

1825 Jean Paul † zu Baireuth. Letztes (unvollendetes) Werk: Selina oder über die Unsterblichkeit der Seele.
Tieck's dramaturgische Blätter.
Platen's Schauspiel: Treue um Treue.
Grillparzer's Schauspiel: König Ottokars Glück und Ende.
Leopold Schefer's Novellen.
Abraham Emanuel Fröhlich's Fabeln.
August Neander's (zu Berlin) Geschichte der christlichen Religion und Kirche.
Heinrich Luden's (zu Jena) Geschichte des deutschen Volks.
Heinrich Meyer's (zu Weimar) Geschichte der bildenden Künste bei den Griechen (in Gemeinschaft mit Goethe).

1825 Ludwig I. König von Bayern; Glyptothek und Pinakothek. Münchener und Düsseldorfer Kunstschule. Victor Hugo. Haupt der französischen Romantiker.

1826 Tieck's Novellen: der Aufruhr in den Cevennen; Dichterleben.
Josephs von Eichendorff Novelle: aus dem Leben eines Taugenichts.
Ernst Raupach's Trauerspiel: Isidor und Olga.
Justinus Kerner's Gedichte (seit 1808).
Rückert: die Abenteuer des Abu Seid von Serug oder die Makamen des Hariri.
Platen's Lustspiel (aristophanisch): die verhängnißvolle Gabel.
Wilhelm Hauff: der Mann im Monde (gegen Clauren); Memoiren des Satans.
Heinrich Heine's (aus Düsseldorf) Reisebilder.
Friedrich Diez: die Poesie der Troubadours.
Johann von Sachsen: Uebersetzung des Dante.

1826 Universität zu München.

1827 Karl Immermann's (zu Düsseldorf) Drama: das Trauerspiel in Tyrol.
Heine's Buch der Lieder.
Henrich Steffens' (aus Stavanger in Norwegen) Novellen: Walseth und Leith.
Karl Simrock's Uebersetzung des Nibelungenliedes.
Ranke: die Fürsten und Völker von Südeuropa.
Johannes Voigt (zu Königsberg): Geschichte

1827 Seeschlacht bei Navarin; Griechenlands Befreiung.

Literatur.	Gleichzeitige Ereignisse.
Preußens von den ältesten Zeiten bis zum Untergange des deutschen Ordens. Joseph von Hammer's Geschichte des osmanischen Reichs. 1828 Goethe's Werke, vollständige Ausgabe letzter Hand. Briefwechsel zwischen Schiller und Goethe herausgegeben. Immermann's Trauerspiel: Friedrich II.; Lustspiel: die Verkleidungen. Platen's Gedichte („Oden"). Gustav Schwab's Gedichte (Romanzen und Balladen). Rückert: Nal und Damajanti, eine indische Geschichte. Zedlitz' Todtenkränze (Canzonen). Steffens' Novellen: die vier Norweger. 1829 Christian Grabbe's Dramen: Don Juan und Faust, Friedrich Barbarossa. Michael Beer's Drama: Struensee. Platen's Lustspiel: der romantische Oedipus. Musenalmanach für 1830, hgg. von Wendt, seit 1832 von Chamisso und Schwab. Chamisso's erzählendes Gedicht (in Terzinen): Salas y Gomez. Albert Knapp's geistliche Gedichte. Karl Egon Ebert's (aus Prag) Wlasta, böhmisch-nationales Heldengedicht. Ludwig Börne's (L. Baruch, aus Frankfurt a. M.) gesammelte Schriften; dramaturgische Blätter. Heinrich Leo's (zu Halle) Geschichte der italienischen Staaten. Heinrich Ritter's Geschichte der Philosophie. 1830 Immermann's Tulifäntchen, ein Heldengedicht in drei Gesängen. Anastasius Grün (Graf Auersperg, aus Krain): der letzte Ritter (Maximilian I.). 1831 Chamisso's Gedichte, erste Sammlung. (A. Grün's) Spaziergänge eines Wiener Poeten. Börne's Briefe aus Paris. 1832 Goethe's († d. 22. März 1832) zweiter Theil des Faust (beendigt 1831). Hegel's († 1831) Werke (Vorlesungen über	1828 Anfänge des deutschen Zollvereins. Karl August, Großherzog von Weimar, †. Bulwer's Roman: Pelham. 1830 Julirevolution in Paris. Aufstände in Belgien und Polen, Unruhen in Deutschland. — Eisenbahnen. 1831 Polen wieder unterworfen. Reaction. 1832 Hambacher Fest. Beschränkung der Presse und der Competenz der Landstände.

Literatur.	Gleichzeitige Ereignisse.
Aesthetik, Philosophie der Geschichte, Geschichte der Philosophie ꝛc.).	
W. von Humboldt: über die Kawisprache (Sprachvergleichung).	
Raumer's Geschichte Europa's.	
Tied's Novelle: Dichters Tod (im Novellenkranz für 1833).	
Wilibald Alexis' (Häring) historischer Roman: Cabanis.	
1833 Tieck (Graf Baudissin) vervollständigt die Schlegelsche Uebersetzung Shakspeare's.	
Platen's Schauspiel: die Liga von Cambrai.	
Karl Philipp Spitta, Psalter und Harfe.	
1834 Rückert's gesammelte Gedichte ("Liebesfrühling").	1834 Beginn des Bau's deutscher Eisenbahnen.
L. Schefer's Laienbrevier.	
Ferdinand Freiligrath's Gedichte im Musenalmanach für 1835 (französische Alexandrinerstrophe).	
Ranke: die römischen Päpste, ihre Kirche und ihr Staat im 16. und 17. Jahrh.	
1835 Platen's Abbassiden (erzählende Dichtung, verfaßt 1829); "Festgesänge" (pindarische Hymnen, verfaßt 1827—35); † 1835 zu Syrakus.	1835 † Kaiser Franz I. Ferdinand I. (bis 1848).
A. Grün: Schutt (Sammlung reflectirender Dichtungen).	
Eduard Bauernfeld's Lustspiel: die Bekenntnisse.	
J. Grimm's deutsche Mythologie.	
Georg Gervinus' Geschichte der poetischen Nationalliteratur der Deutschen.	
Friedrich Christoph Dahlmann's Politik.	
David Friedrich Strauß' Leben Jesu.	
Karl Gutzkow's Wally die Zweiflerin. Das junge Deutschland (Gutzkow, Laube, Mundt, u. And.).	
Bettina von Arnim (geb. Brentano): Briefwechsel Goethe's mit einem Kinde (Roman).	
1836 Tied's Novelle: der junge Tischlermeister.	
Immermann's Roman: die Epigonen.	
Amalie von Sachsen: Originalbeiträge zur deutschen Schaubühne (Lüge und Wahrheit, der Oheim u. s. w.).	
August Kopisch, Gedichte.	

Literatur.	Gleichzeitige Ereignisse.
Rückert's Lehrgedicht: 'die Weisheit des Brahmanen (in Alexandrinern). Nicolaus Lenau's (von Strehlenau, aus Ungarn) Faust. Schlosser's Geschichte des 18. und 19. Jahrhunderts mit besonderer Rücksicht auf geistige Bildung.	
1837 Ernst Raupach: die Hohenstaufen, ein Cyklus historischer Dramen. Friedrich Halm's (Münch-Bellinghausen) Drama: Griseldis. Nicolaus Lenau's Savonarola. Anast. Grün's Gedichte.	1837 Ernst August, König von Hannover. Entlassung der sieben Göttinger Professoren (J. u. W. Grimm, Gervinus, Dahlmann ꝛc.)
1838 Rückert's Rostem und Suhrab, „eine Heldengeschichte". Immermann's Roman: Münchhausen. Freiligrath's Gedichte, erste Sammlung. Eduard Mörike's Gedichte. Robert Reinick: Lieder eines Malers. Arnold Ruge und Theodor Echtermeyer: die hallischen Jahrbücher.	
1839 Ranke's deutsche Geschichte im Zeitalter der Reformation.	
1840 Tieck's Roman: Vittoria Accorombona. Immermann's († 1840) Romanzenkranz: Tristan und Isolde. Emanuel Geibel's (aus Lübeck) Gedichte. E. M. Arndt's Erinnerungen aus dem äußern Leben. Dahlmann's Geschichte von Dänemark. Wilhelm Wachsmuth's Geschichte Frankreichs im Revolutionszeitalter.	1640 Friedrich Wilhelm IV. König v. Preußen. Schelling, Rückert, Tieck nach Berlin berufen. Frankreichs Drohungen.
1841 Robert Prutz' Gedichte („der Rhein" 1840). Friedrich Hebbel's Judith. Georg Herwegh's Gedichte eines Lebendigen. Politische Lyrik.	
1842 Karl Gutzkow's Dramen: Richard Savage (1839), Werner (1840). Julius Mosen's Theater (Otto III. Cola Rienzi u. and.). Lenau's Albigenser. Friedrich von Sallet's Laienevangelium. Varnhagen's von Ense Denkwürdigkeiten.	
1843 Hebbel's Tragödie: Genoveva. Gutzkow's Trauerspiel: Patkul.	

Literatur.	Gleichzeitige Ereignisse.
Rückert's Saul und David, „ein Drama der heiligen Geschichte". Berthold Auerbach's Schwarzwälder Dorfgeschichten. Simrod's Heldenbuch (darin: das Amelungenlied).	
1844 Hebbel's Drama: Maria Magdalena. Gutzkow's historisches Lustspiel: Zopf und Schwert. Uhland's Sammlung deutscher Volkslieder. Adelbert Stifter's Studien (novellistische Schilderungen). Dahlmann's Geschichte der englischen Revolution.	1844 Bestrebungen des Deutschkatholicismus.
1845 Alexander von Humboldt's Kosmos.	
1846 Rückert's Hamasa oder die ältesten arabischen Volkslieder. Alfred Meißner's Epos: Ziska. Gottfried Kinkel, Otto der Schütz. Gutzkow's Lustspiel: das Urbild des Tartüffe. Roderich Benedix' Lustspiele (Doctor Wespe, der Vetter u. s. w.).	
1847 Gutzkow's Trauerspiel: Uriel Acosta. Prutz' Trauerspiel: Moritz von Sachsen. Heinrich Laube's Dramen: die Karlsschüler, Gottsched und Gellert. Friedrich Bischer, Aesthetik.	
1848 Geibel's Juniuslieder. Wolfgang Müller's (von Königswinter) Gedichte. Jacob Grimm's Geschichte der deutschen Sprache. Gervinus' Shakspeare (historisch und ästhetisch).	1848 Revolution und Republik in Frankreich. Aufstände in Deutschland. Deutsche Nationalversammlung in Frankfurt. Schleswig-Holsteins Kampf.
1849 Georg Heinrich Pertz, Leben des Freiherrn von Stein. Oskar von Redwitz' Amaranth.	1849 Deutsche Reichsverfassung. Kaiserdeputation in Berlin. Unterdrückung republikanischer Aufstände. Heinr. Barth's Reisen in Afrika (1849—55).
1850 Freytag's Drama: Graf Waldemar. Gustav zu Putlitz Lustspiele. Gutzkow's Roman: die Ritter vom Geiste. Jeremias Gotthelf (Albert Bitzius) Erzählungen und Bilder aus dem Volksleben der Schweiz.	1850 Preußische Verfassung. Sieg der Dänen bei Idstedt.

Literatur.	Gleichzeitige Ereignisse.
1851 Friedrich Wilhelm Hackländer: der geheime Agent. Julius Hammer: „Schau um Dich und schau in Dich." Friedrich Bodenstedt: die Lieder des Mirza Schaffy.	1851 Herstellung des Bundestags zu Frankfurt. Suprematie Oestreichs.
1852 Klaus Grooth: Quickborn (Lieder in niederdeutscher Mundart). J. und W. Grimm's deutsches Wörterbuch.	1852 Napoleon III. Kaiser der Franzosen.
1853 Rudolf Gottschall's Carlo Zeno.	
1854 Freytag's Lustspiel: die Journalisten. Hermann Lingg's Gedichte. Theodor Mommsen's römische Geschichte. Wilhelm Giesebrecht's Geschichte der deutschen Kaiserzeit Ludwig Häusser's deutsche Geschichte vom Tode Friedrichs des Gr. ꝛc.	1854 Russischer Krieg. Feldzug in der Krim.
1855 Freytag's Roman: Soll und Haben. Paul Heyse's Novellen, erste Sammlung. Gervinus Geschichte des 19. Jahrhunderts.	1855 Oestreichisches Concordat mit dem Papste.
1856 Heinrich Laube's Drama: Graf Essex. Auerbach's Dorfgeschichte „Barfüßele". Otto Jahn: W. A. Mozart (Biographie).	
1857 Geibel's neue Gedichte. Hebbel's Gedichte.	
1858 Bodenstedt: Shakspeare's Zeitgenossen ꝛc. Geibel's Drama: Brunhild. Gutzkow's Roman: der Zauberer von Rom.	1858 Wilhelm Prinzregent von Preußen, seit 1861 König Wilhelm I.
1859 Freytag's Trauerspiel: die Fabier. Paul Heyse's Thekla.	1859 Italienischer Krieg gegen Oestreich.
1860 Fritz Reuter's niederdeutsche Novellistik („olle Kamellen" ꝛc.)	
1861 Hebbel's Drama: die Nibelungen.	1862 Ministerium Bismarck. 1864 Feldzug gegen Dänemark, Befreiung Schleswig-Holsteins.
1865 Freytag's Roman: die verlorne Handschrift. Auerbach's Roman: auf der Höhe.	1866 Deutscher Krieg. Sieg der Preußen bei Königgrätz. Norddeutscher Bund.
1867 Gutzkow's Roman: Hohenschwangau.	

Register.

(Mit einem * sind Zeitschriften, Dichtervereine und einzelne Dichtungen von unbekannten Verfassern bezeichnet.)

Abbt, Thomas 31. 32. (1738—66.)
Abraham a Sta. Clara 21. 22. (1644-1709.)
Abschatz, Hans Aßmann v. 23. (1646—99.)
Achenwall, Gottfr. 28. (1719—72.)
Adelung, Joh. Chrstph. 35. 39. (1732—1806.)
Agricola, Joh. 11. (1492—1566.)
Albert, Heinrich 16. 18. (1604—68.)
Alberus, Erasmus 12. (ca. 1500-1553.)
Albrecht von Halberstadt 5. (um 1210.)
Alexis, Wilibald 59. (S. W. Häring, geb. 1798.)
Alfred d. Große 3. (848—901.)
*Allgemeine deutsche Bibliothek 32.
Alxinger, Joh. Baptist v. 41. 43. (1755—97.)
*Amadis von Gallia 12.
Amalie v. Sachsen 59. (geb. 1794.)
Ammenhusen, Konr. v. 7. (um 1330.)
Ammon, Christoph Friedr. v. 44. (1766—1851.)
Andreä, Joh. Valentin 14. (1586—1654.)
Anna Sophia v. Hessen-Darmstadt 19. (1638-83.)
*Annolied. 4. [(1623—1714.)]
Anton Ulrich von Braunschweig 20. 21. 22.
Archenholz, Joh. Wilh. v. 42. (1745—1812.)
Arndt, Ernst Mor. 51. 53. 54. 55. 60. (1769—1860.)
Arndt, Johann 14. (1555—1621.)
Arnim, Bettina v. 59. (1785—1859.)
Arnim, Ludw. Achim v. 50. 52. 53. (1781—1831.)
Arnold, Gottfried 22. 23. (1665—1714.)
Auerbach, Berth. 61. 62. (geb. 1812.)
Ava, die Klausnerin 4. (um 1100.)
Ayrer, Jacob 13. († 1605.)
Babo, Jos. Maria 39. (1756—1822.)
Baggesen, Jens 49. (1764—1826.)
Basedow, Joh. Bernh. 35. (1724—90.)
Bauernfeld, Eduard 59. (geb. 1804.)
Beer, Michael 58. (1800—33.)
Beheim, Matthias v. 7. (um 1350.)
Beheim, Michael 8. (um 1450.)
Benedix, Roderich 61. (geb. 1811.)
Benzel-Sternau, Karl Chr. Ernst von 49. (1767—1849.)
*Beowulf, angliches Epos 2.
*Berliner Monatsschrift 40.
Berthold (Pech) von Regensburg 6. († 1272.)
Besser, Joh. von 22. (1654—1729.)
Birken, Sigmund v. 18. 20. 21. (1628—81.)
Bitzius, Albert 61. (1797—1854.)
Blumauer, Aloys 40. (1755—98.)
Böckh, Aug. 55. (1785—1867.)
Bodе, Joh. Joach. Christoph 31. 35. 36. 41. (1730—93.)
Bodenstedt, Fr. 62. (geb. 1819.)
Bodmer, Joh. Jac. 24. 25. 26. 28. 29. 30. (1698—1783.)
Böhme, Jacob 14. (1575—1624.)
Boie 33. 37. 38. (1744—1806.)
Bonerius, Ulrich 7. (um 1330.)
Börne, Ludw. 54. (1786—1837.)
Botenlauben, Otto von 5. (um 1230.)
Bouterwek 48. (1766—1828.)
Brachmann, Luise 48. (1777—1822.)
Brandes, H. W. 53. (1777—1834.)
Brandes, Joh. Christian 35. 36. (1735—99.)
Brant, Sebastian 9. (1458—1522.)
Brawe, Joach. Wilh. v. 30. (1738—58.)
Breitinger, Joh. Jac. 24. 26. 28. 30. (1701—76.)
*Bremer Beiträge 27.
Brentano, Clemens 49. 50. (1777—1842.)
Brockes, Barthold Heinr. 24. 27. (1680—1747.)
Bronner, Franz Xaver 37. (1758—1850.)
Buchholz, Andr. Heinr. 16. 18. 19. 20. (1607—71.)
Bugenhagen 11. (1485—1558.)
Bürger, Gottfr. Aug. 35. 37. 38. (1747—1794.)
Büsching, Ant. Friedr. 29. (1724—93.)
Butschky, Samuel von 20. (1612—78.)
Campe, Joach. Heinr. 38. (1746—1818.)
Caniz, Friedr. Rudolf Ludw. v. 23. (1654—99.)
Chamisso, Adalb. v. 54. 58. (1781—1838.)
Chemnitz, Bogislav Phil. v. 18. (1605—78.)
Christian der Küchenmeister 7. (um 1350.)
Clajus, Joh. 11. (1530—92.)
Claudius, Matthias 33. 36. (1740—1815.)
Closener, Fritsche 7. (um 1350.)
Collin, Heinr. Jos. v. 49. (1771—1811.)
Cramer, Joh. Andreas 28. 29. 30. 31. (1723—81.)
Creuz, Friedr. Karl Kasimir von 31. (1724—70.)
Creuzer, Friedr. 52. (1771—1858.)
Cronegk, Joh. Friedr. von 30. (1731—59.)
Dach, Simon 16. 17. (1605—59.)
Dahlmann, Friedr. Chr. 59. 60. 61. (1785—1860.)
David von Augsburg 6. († 1271.)
Decius, Nicolaus 11. († 1541.)

Denaisius, Peter 12. (1561—1610.)
Denis, Michael 33. 34. (1729—1800.)
*Deutsche Gesellschaft zu Halle 26.
*Deutsche Gesellschaft zu Leipzig 23.
*Deutsches Museum 37.
*Dichterschule, erste schlesische 15.
*Dichterschule, zweite schlesische 21.
*Dichterverein, Göttinger 34.
*Dichterverein, Leipziger 27.
Diemeringen, Otto von 2. (um 1470.)
Dietmar von Eist, 4. (um 1170.)
Diez, Friedr. 58. (geb. 1794.)
Dilherr, Joh. Michael 19. (1604—69.)
Dräsele, Joh. Heinr. Bernh. 50. (1774—1849.)
Drollinger, Karl Friedr. 25. 27. (1688—1742.)
Dürer, Albrecht 11. (1471—1528.)

Eber, Paul 11. (1511—69.)
Eberhard, Aug. Gottlob 56. (1769—1845.)
Eberhard, Joh. Aug. 34. (1738—1809.)
Ebert, J. A. 29. (1723—95.)
Ebert, Karl Egon 58. (geb. 1831.)
Echtermeyer, Theod. 60. (1805—41.)
Edehard 3. (um 1000.)
*Edenlied 6.
Eckhard, Meister 7. (um 1300.)
*Edda, älteste Lieder der, 2.
Eichendorff, Jos. v. 57. (1788—1857.)
Eichhorn, Joh. Gottfr. 39. 45. (1752—1827.)
Eichhorn, Karl Friedr. 52. (1781—1854)
Eilhart von Oberge 4. (um 1175.)
Engel, Joh. Jac. 23. 36. 38. 40. 48. (1741—1802.)
Eschenbach, Wolfram von 5. (um 1200.)
Eschenburg, Joh. Joach. 36. (1743—1820.)
Escherloer, Peter 2. (um 1475.)
*Eulenspiegel, 2.
Eybe, Albrecht von 2. (um 1475.)
Feind, Barthold 23. (1678—1721.)
Fichte, Joh. Gottlieb 43. 44. 46. 47. 48. 51. 52. (1762—1814.)
Fischart, Joh. 12. ca. (1545—1589.)
Flecke, Konrad 5. (um 1220.)
Flemming, Paul 15. 16. (1609—40.)
Holz, Hans 8. (um 1450.)
Forster, Georg 35. 42. (1754—1794.)
Fouqué, Friedr. de la Motte 52. 53. 54. (1777—1843.)
Frand, Joh. 18. 21. (1618—77.)
Frand, Sebast. 11. 12. (1500—um 1545.)
*Frankfurter gelehrte Anzeigen 34.
*Frankfurter Journal 14.
Frankfurter, Philipp 7. (um 1375.)
Frauenlob 6. (um 1300.)
Freibank 5. (um 1230.)
Freiligrath, Ferd. 59. 60. (geb. 1810.)
Freinsheim, Joh. 18. (1608—60.)
Freytag, Gust. 61. 62. (geb. 1816.)

Fröhlich, Abrah. Emanuel 57. (1796—1865.)
Fürterer (Füterer), Ulrich S. (um 1475.)
Hausbein, Johann 7. (um 1350.)
Gärtner, Karl Christian 27. (1712—91.)
Garve, Christian 33. 40. (1742—98.)
Gatterer, Joh. Christoph 31. (1727—99.)
Gelbel, Eman. 60. 61. 62. (geb. 1815.)
Geiler von Kaisersberg, 2. (1445—1510.)
Gellert, Christian Fürchtegott 27. 28. 29. 30. (1715—69.)
Gemmingen, Otto Heinr. v. 38. (1739—1822.)
Gengenbach, 11. (um 1520.)
Gentz, Friedr. 45. (1764—1832.)
Gerhardt, Paul 20. (1607—76.)
Gerstenberg, Hans Wilh. v. 31. 32. 33. (1737—1823.)
Gervinus, Georg 59. 61. 62. (geb. 1805.)
Geßner, Salomon 29. 30. (1730—87.)
Giesebrecht, Wilh. 62. (geb. 1814.)
Gleim, Joh. Wilh. Ludw. 26. 27. 28. 30. 36. (1719—1803.)
*Glossarien, 2.
Gödingt, Leop. Friedr. Günther v. 27. (1748—28.)
Goethe, Joh. Wolfgang 34. 35. 36. 38. 39. 41. 42. 43. 44. 45. 46. 47. 48. 49. 50. 51. 52. 53. 54. 55. 58. (1749—1832.)
Görres, Jos. 51. (1776—1848.)
Gotter, Friedr. Wilh. 33. 35. 36. (1746—97.)
Gottfried von Straßburg 5. (um 1200.)
Gotthelf, Jeremias, s. Bitzius.
*Göttinger Musenalmanach 33. 34. 36.
*Göttingisches Magazin für W. und Lit. 41.
Gottsched, Rud. 62. (geb 1823.)
Gottsched, Joh. Christoph 24. 25. 26. 27. 28. 29. (1700—66.)
Gottsched, Luise Adelgunde Victoria 26. (1713—62.)
Götz, Joh. Nicol. 26. 27. 29. (1721—81.)
Grabbe, Christian 58. (1801—36.)
Greff, Joachim 11. (um 1540.)
Greflinger, Georg 17. 18. 19. (um 1650.)
Gries, Joh. Dietr. 49. 50. 54. (1775—1842.)
Grillparzer, Franz 55. 56. 57. (geb. 1790.)
Grimm, Jacob 53. 55. 59. 61. 62. (1765—1863.)
Grimm, Wilh. 53. 62. (1766—1859.)
Grimmelshausen, Hans Jac. Christoffel 20. (ca. 1625—76.)
Grooth, Claus 62. (geb. 1819.)
Großmann, Gust. Friedr. Wilh. 38. (1746—96.)
Grün, Anastasius 58. 59. 60. (geb. 1806.)
Gryphius, Andreas 16. 17. 18. 19. 20. (1616—64.)
Gryphius, Christian 23. (1649—1706.)
*Gudrun, 5.
Günther, Joh. Christian 24. (1695—1723.)
Gutzkow, Karl 59. 60. 61. 62. (geb. 1811.)

Hackländer, Fr. W. 62. (geb. 1816.)
Habamar von Laber 7. (um 1330.)
Hablaub, Johann 6. (um 1300.)
Hagedorn, Friedrich von 25. 26. 28. (1708—54.)
Hagen, Friedr. Heinr. von der 51. (1780—1856.)
Hagen, Gottfried 6. (um 1270.)
Halbsuter 7. (um 1386.)
Haller, Albrecht von 25. (1708—77.)
Halm, Friedr. (Münch-Bellinghausen.) 60. (geb. 1806.)
Hamann, Joh. Georg 31. (1730—88.)
Hamle, Christian v. 5. (um 1230.)
Hammer, Jos. von 52. 54. 55. (1774—1856.)
Hammer, Jul. 62. (1810—62.)
Hans von Bühel 8. (um 1400.)
Hardenberg, Fr. v., s. Novalis.
Harms, Klaus 52. (1779—1855.)
Harsdörffer, Georg Phil. 15. 16. 17. 18. (1607—58.)
Hartmann von Aue 5. (um 1200.)
Hätzlerin, Clara 9. (um 1470.)
Hauff, Wilh. 57. (1802—27.)
Haug, Friedr. 43. (1761—1829.)
Hausen, Friedrich von 5. (um 1190.)
Häusser 62. (1818—67.)
Haynecclus, Martin 13. (1544—1611.)
Hebbel, Friedr. 60. 61. 62. (1813—63.)
Hebel, Joh. Peter 49. 52. (1760—1826.)
Heeren, Arnold Herm. Ludw. 44. (1760—1842.)
Heermann, Joh. 15. (1585—1647.)
Hegel, Georg Wilh. Friedr. 51. 53. 54. 58. (1770—1831.)
Hegner, Ulrich 53. (1759—1840.)
Heine, Heinr. 57. (1709—1656.)
Heinrich der Glichesäre 4. (um 1175.)
Heinrich IV. Herzog v. Breslau 6. (um 1270.)
Heinrich VI. Kaiser 5. († 1197.)
Heinr. Julius, Herzog von Braunschweig 13. (1564—1613.)
Heinrich von Meißen 6. (um 1300.)
Heinrich von der Neuenstadt 6. (um 1300.)
Heinrich von Nördlingen 7. (um 1350.)
Heinrich der Teichner 7. (um 1370.)
Heinse, Wilh. 34. 39. 41. (1746—1803.)
*Heliand, altsächs. Evangelienbuch 2.
Helmbold, Ludwig 13. 15. (1532—98.)
Helvig, Amalie von 48. (1776—1831.)
Hellwig, Joh. 14. (1609—74.)
Heräus, Karl Gust. 24. (1671—1730.)
Herbart, J. Fr. 57. (1776—1841.)
Herder, Joh. Gottfr. 32. 33. 34. 35. 36. 37. 38. 39. 40. 41. 44. 48. 49. (1744—1803.)
Hermann, Gottfr. 47. (1772—1848.)
Hermann, Nicolaus 12. († 1561.)
Hermann von Fritzlar 7. (um 1350.)
Hermes, Joh. Timotheus 28. (1738—1821.)
Herwegh, Georg 60. (geb. 1817.)

Heyse, Paul 62. (geb. 1830.)
*Hildebrandslied, das 2.
Hippel, Theod. Gottlieb 37. 44. (1741—96.)
Hoffmann, Ernst Theod. Amad. 54. 55. (1776—1822.)
Hoffmann (von Fallersleben) 56. (geb. 1798.)
Hofmannswaldau, Christ. Hofmann v. 21. 22. (1618—79.)
Hölderlin, Friedr. 46. (1770—1843.)
Hölty, Ludw. Heinr. Christoph 39. (1748—76.)
Houwald, Ernst v. 56. (1778—1845.)
Hrosvitha 3. (um 980.)
Humboldt, Alexander von 51. 52. 61. (1769—1859.)
Humboldt, Wilh. von 47. 53. 59. (1767—1835.)
Hunold, Christian Friedr. 23. (1680—1721.)
Hutten, Ulrich von 10. (1488—1523.)
Iffland, Aug. Wilh. 40. 43. (1759—1814.)
Immermann, Karl 57. 58. 59. 60. (1796—1840.)
Iselin, Isaak 32. (1728—82.)
Jacobi, Friedr. Heinr. 35. 38. 40. 41. 53. (1743—1819.)
Jacobi, Joh. Georg 32. 34. 35. (1740—1814.)
Jacobs, Friedr. 53. 56. (1764—1847.)
Jahn, Otto 62. (geb. 1813.)
Jean Paul, s. Richter.
Jerusalem, Joh. Friedr. Wilh. 27. (1709—89.)
Johann der Enenkel 6. (um 1250.)
Johann von Sachsen 57. (geb. 1801.)
Johann von Soest 9. (um 1475.)
Johannes von Salzburg 8. (um 1400.)
Jonas, Justus 11. (1493—1555.)
Jung, Joh. Heinr. 37. (1740—1817.)
Jünger, Joh. Friedr. 40. (1759—97.)
*Kaiserchronik, die 4.
Kant, Immanuel 39. 41. 42. 43. 46. 47. (1724—1804.)
Kästner, Abraham Gotthelf 27. (1719—1800.)
Kerner, Justinus 57. (1786—1862.)
Kero (zu St. Gallen) 2. (um 750.)
Khevenhüller, Franz Christoph 16. († 1650.)
Kinkel, Gottfr. 61. (geb. 1815.)
Klaj, Joh. 17. 18. (1616—56.)
Kleist, E. Chr. v. 27. 28. 30. (1715—59.)
Kleist, Heinr. v. 49. 52. (1775—1811.)
Klinger, Friedr. Maximil. 35. 38. (1752—1831.)
Klopstock, Friedr. Gottlieb 28. 29. 30. 31. 32. 33. 34. 35. 38. 40. 41. 42. 46. 49. (1724—1803.)
Knapp, Alb. 58. (1796—1864.)
Knebel, Karl Ludw. von 46. 56. (1744—1834.)
Knigge, A. F. F. L. v. 43. (1752—1796.)
Knorr v. Rosenroth 22. (1636—89.)
Konrad von Landeck 6. (um 1270.)
Konrad von Würzburg 6. (um 1270.)

Kopisch, Aug. 50. (1799—1853.)
Körner, Theod. 53. (1791—1813.)
Kortum, K. A. 40. (1745—1824.)
Köster, Johann 14. (um 1600.)
Kotzebue, Aug. 40. 42. 45. (1761—1819.)
Kretschmann, Karl Friedr. 33. (1738—1809.)
Krummacher, Friedr. Adolf 50. (1767—1845.)
Kuhlmann, Quirin 21. 22. (1652(51)—89.)
Kürenberger, der (um 1170.)
Lachmann, Karl 51. (1793—1850.)
Lafontaine, Aug. 43. (1758—1831.)
*Lalenbuch, das 13.
Lamprecht, Pfaff 4. (um 1175.)
Langbein, A. F. E. 43. (1757—1835.)
Lange, Samuel Gotthold 26. 27. (1711—81.)
Laube, Heinr. 61. 62. (geb. 1806.)
Laufenberg, Heinrich von 8. (um 1440.)
Lauremberg, Hans Wilmsen 19. (1591—1659.)
Lavater, Joh. Caspar 32. 33. 34. 36. 39. (1741—1801.)
Lehmann, Christoph 14. (1568—1638.)
Leibniz, Gottfr. Wilh. v. 23. (1646—1716.)
*Leiche, die ältesten deutschen 3.
Leisewitz, Joh. Ant. 36. (1752—1806.)
Lenau, Nicol. 60. (1802—50.)
Lenz, Jac. Mich. Reinhold 35. (1750—1792.)
Leo, Heinr. 58. (geb. 1799.)
Lessing, Gotthold Ephraim 28. 29. 31. 32. 33. 34. 35. 37. 38. (1729—81.)
Lichtenberg 37. 41. 44. (1742—99.)
Lichtwer, Magnus Gottfr. 29. (1719—83.)
Liechtenstein, Ulrich v. 6. (um 1250.)
Lingg, Herm. 62. (geb. 1820.)
Liscow, Christian Ludw. 25. (1701—60.)
*Literaturzeitung, Allgem. Jenaer 41.
Lobwasser, Ambrosius 12. (1515—85.)
Logau, Friedrich von 16. 19. (1604—55.)
Lohenstein, Daniel Caspar v. 18. 20. 21. 22. (1635—83.)
Luden, Heinr. 57. (1780—1847.)
*Ludwigslied, das 3.
Luther, Martin 10. 11. (1483—1546.)
Mahlmann, Aug. 49. (1771—1826.)
Manso, Friedr. 55. (1729—1826.)
Manuel, Niclaus 10. (ca. 1484—1530.)
Marner, der 6. (um 1250.)
Mascov, Joh. Jac. 24. (1689—1761.)
Mattheius, Joh. 12. (1504—65.)
Matthisson, Friedr. 39. 45. (1761—1831.)
Mauritius, Georg 13. (1539—1610.)
Megenberg, Konrad von 7. (um 1350.)
Meißner, Alfr. 61. (geb. 1822.)
Melanchthon 11. (1497—1560.)
Melissus-Schede, Paul 13. (1539—1602.)
Mende, Burth. 23. (1675—1732.)
Mendelssohn, Moses 29. 30. 31. 32. 40. (1729—66.)
Mereau, Sophie (Brentano) 48. (1761—1806.)

*Merigarto 3.
Meyer, Heinr. 50. 57. (1759—1832.)
Müller, Joh. Martin 36. (1750—1814.)
Mommsen, Theod. 62. (geb. 1817.)
Montfort, Hugo von 8. (um 1400.)
Morhof, Daniel Georg 21. (1639—91.)
Mörike, Eduard 60. (geb. 1804.)
Moritz, Karl Phil. 40. 41. (1757—93.)
Morungen, Heinrich von 5. (um 1190.)
Moscherosch, Hans Mich. 17. 18. (1601—69.)
Mosen, Julius 60. (1803—67.)
Moser, Friedr. Karl von 31. 31. (1723—98.)
Moser, Joh. Jac. 26. 31. (1701—85.)
Möser, Justus 31. 32. 36. (1720—94.)
Rosheim, Joh. Lorenz v. 24. (1694—1755.)
Müglin, Heinrich von 7. (um 1370.)
Müller (Maler) 35. 36. 37. (1750—1825.)
Müller, Adam 51. (1779—1829.)
Müller, Friedr. Aug. 42. (1767—1807.)
Müller, Johannes 38. 39. 41. 50. (1752—1809.)
Müller, Joh. Gottwerth 38. (1744—1828.)
Müller, Otfried 55. 56. (1791—1840.)
Müller, Wilh. 58. (1794—1827.)
Müller, Wolfg. 61. (geb. 1816.)
Müllner, Adolf 54. 55. (1774—1829.)
Muster, Sebast. 12. (1480—1552.)
Münter, Balth. 34. (1735—93.)
Murner, Th. 9. (1475 bis um 1531—37.)
Musäus, Joh. Karl Aug. 17. 31. 37. 39. (1735—67.)
Muscatblut 8. (um 1400.)
*Musenalmanach 49. 59.
*Muspilli 2.

Neander, Aug. 57. (1789—1850.)
Neander, Joach. 21. (1650—80.)
Neubeck, Baler. Wilh. 45. (1765—1850.)
Neukirch, Benj. 22. 23. 24. (1665—1729.)
Neumark, Georg 18. 19. (1621—81.)
*Nibelungenlied, das 5.
Nicolai, Friedr. 30. 32. 34. (1733—1811.)
Nicolai, Philipp 13. (1556—1608.)
Nicolaus von Straßburg 7. (um 1350.)
Niebuhr, Barthold Georg 53. (1777—1831.)
Niebuhr, Carsten 35. (1733—1815.)
Niemeyer, Aug. Herm. 45. (1754—1829.)
Niethammer 46. (1766—1848.)
Nisen, Gottfr. von 5. (um 1230.)
Nithart (Neidhart) 5. (um 1230.)
Notker (Labeo) 3. (952—1022.)
Novalis 49. (1772—1801.)
Nythart, Hans 9. (um 1480.)

Oehlenschläger, Adam 51. 52. 54. (1779—1850.)
Oken, Lorenz 54. (1782—1851.)
Olearius, Adam 17. 19. (1600—71.)
Omichius, Franz 13. († 1591.)
Opitz, Martin 14. 15. 16. (1597—1639.)
Osswald von Wolkenstein 8. (um 1367—1445.)

Otfried (zu Weißenburg) 2. (um 870.)
Otto 6. (um 1250.)
Otto IV. Markgraf v. Brandenburg 6. (um 1270.)
Ottokar (von Horneck) 6. (um 1300.)
Pauli, Johannes 10. (um 1500.)
Perty, Georg Heinr. 61. (geb. 1795.)
Pestalozzi, Heinr. 39. 48. (1746—1827.)
Pfeffel, Gottl. Konr. 31. (1736—1809.)
Pichler, Caroline 51. (1769—1843.)
Pfland, Gottlieb Jac. 39. (1751—1833.)
Platen, Aug. Graf v. 56. 57. 58. 59. (1796—1835.)
Platner, Ernst 38. (1744—1818.)
Postel, Christian Henrich 22. 23. (1658—1705.)
Pruy, Rob. 60. 61. (geb. 1816.)
Pufendorf 21. (1632—94.)
Butlitz, Gustav zu 61. (geb. 1821.)
Pyra, Joh. Joach. 26. 27. (1715—44.)
Pyrker, Joh. Ladislav 55. 56. (1772—1847.)

Rabener, Gottlieb Wilh. 26. 29. (1714—71.)
Rachel, Joach. 20. (1618—69.)
Rambach, Joh. Jacob 24. (1693—1735.)
Ramler 30. 32. 33. (1725—98.)
Ranke, Leop. 56. 57. 59. 60. (geb. 1795.)
Raumer, Friedr. v. 56. 59. (geb. 1781.)
Raupach, Ernst 57. 60. (1794—1852.)
Rebhun, Paul 11. (um 1540.)
Redwitz, Oskar v. 61. (geb. 1823.)
Regenbogen 6. (um 1300.)
Reimarus, Herm. Samuel 29. (1694—1786.)
Reinbote von Dorn 6. (um 1250.)
*Reinecke Bos 9.
Reinhard, Franz Volkmar 41. (1753—1812.)
Reinhold, Karl Leonh. 41. 42. (1758—1823.)
Reinick, Rob. 60. (1805—52.)
Reinmar der Alte 5. (um 1190.)
Reinmar von Zweter 5. (um 1230.)
Rempler von Löwenhalt, Esaias 17. (um 1620.)
Reuter, Fritz 62. (geb. 1810.)
Richter, J. P. Fr. (Jean Paul) 40. 42. 44. 45. 46. 47. 48. 49. 50. 51. 52. 55. 57. (1763—1825.)
Rinckhart, Martin 14. 17. (1585—1649.)
Ringwaldt, Bartholom. 13. (1530 — um 1598.)
Rist, Johannes 16. 18. 19. (1607—67.)
Ritter, Heinr. 55. (1791—1869.)
Ritter, Karl 55. (1779—1859.)
Roberthin, Robert 16. (1600—48.)
*Robinson Crusoe 24.
Roen, Kaspar von der 8. (um 1475.)
*Rolandslied, das 4.
Rollenhagen, Georg 13. (1542—1609.)
Rosenblut, Hans 5. (um 1450.)
Rost, Joh. Christoph 27. 29. (1717—65.)
Rückert, Friedr. 54. 55. 56. 57. 58. 60. 61. (1789—1866.)

Rudolf von Ems 5. 6. (um 1230.)
Ruge, Arnold 60. (geb. 1802.)
Rugge, Heinr. v. 5. (um 1190.)

Sachs, Hans 10. 11. 12. (1494—1576.)
Sachsenheim, Hermann von 8. (um 1450.)
*Sachsenspiegel 6.
Sack, Aug. Friedr. Wilh. 26. (1703—86.)
Salis-Seewis, Joh. Gaudenz v. 43. (1762—1834.)
Sallet, Friedr. v. 60. (1813—43.)
Sandrub, Lazarus 14. (um 1618.)
Schefer, Leop. 57. 59. (1784—1862.)
Scheffler, Joh. 19. (1624—77.)
Schelling, Friedr. Wilh. Jos. 46. 47. 48. 49. 50. 51. 52. 53. (1775—1854.)
Schenkendorf, Maximil. von 54. (1783—1817.)
Schernberg, Theoderich 9. (um 1480.)
Schiller, Friedr. 39. 40. 41. 42. 43. 44. 45. 46. 47. 48. 49. 50. 51. 53. 58. (1759—1805.)
Schirmer, David 18. (um 1650.)
Schlegel, Aug. Wilh. 45. 46. 47. 48. 49. 50. 51. 52. 55. (1767—1845.)
Schlegel, Friedr. 47. 48. 49. 51. 52. 53. (1772—1829.)
Schlegel, Joh. Ad. 32. (1721—93.)
Schlegel, Joh. Elias 27. 25. (1718—49.)
Schlegel, Joh. Heinr. 30. (1723—80.)
Schleiermacher, Friedr. 47. 48. 49. 50. 56. (1768—1834.)
Schlosser, Friedr. Christoph 54. 56. 60. (1776—1561.)
Schlosser, Joh. Georg 33. 34. (1739—99.)
Schlözer 36. 39. (1735—1809.)
Schmid, Konrad Arnold 31. (1716—95.)
Schmidt, Klamer 34. 36. (1746—1824.)
Schmidt, Mich. Ignaz 37. (1736—94.)
Schmidt (v. Lübeck), Georg Phil. 56. (1766—1849.)
Schmold, Benjam. 23. (1672—1737.)
Schnabel, Ludw. 25. (um 1740.)
Schoch, Joh. Georg 19. (um 1660.)
Schopenhauer, Johanna 55. (1766—1838.)
Schottelius, Justus Georg 16. 20. (1612—76.)
Schröckh, Joh. Matthias 33. (1733—1808.)
Schröder 36. 41. (1744—1816.)
Schubart, Christian Friedr. Daniel 35. 39. 41. (1739—91.)
Schubert, Gotthilf Heinr. 52. (1780—1860.)
Schulze, Ernst 54. 55. (1787—1817.)
Schupp, Balthasar 19. (1610—61.)
Schwab, Gustav 55. (1792—1850.)
Schwabe, Joh. Joachim 27. (1714—84.)
Schwabe von der Heyde, Ernst 14. (um 1616.)
*Schwabenspiegel 6.
*Schwanenorden, der 19.
Schwieger, Jacob 19. 20. (um 1650.)
Scriver, Chr. 21. (1629—93.)
Scultetus, Andreas 16. (um 1640.)

Selneder, Nicolaus 13. (1532—1592.)
Seume, Joh. Gottfr. 48. 50. (1763—1810.)
Simrod, Karl 57. 61. (geb. 1802.)
Singenberg, Ulrich v. 5. (um 1230.)
Solger, Karl Wilh. Ferd. 51. 54. (1780—1819.)
Spalding, Joh. Joachim 28. 31. 32. (1714—1804.)
Spee, Friedrich v. 18. (1595—1635.)
Spener, Phil. Jacob 21. 22. (1635—1705.)
Speratus, Paul 11. (1484—1554.)
Spitta, K. Ph. 59. (1801—59.)
Spittler, Ludw. Timoth. 39. 40. 41. 44. (1752—1810.)
Stägemann, Friedr. Aug. v. 53. (1763—1840.)
Steffens, Heinrich 57. 58. (1773—1845.)
Steinhöwel, Heinrich 9. (um 1475.)
Stifter, Adelb. 61. (1805—68.)
Stolberg, Christian Graf zu 38. (1748—1821.)
Stolberg, Friedr. Leopold Graf zu 37. 38. 40. 41. 42. (1750—1819.)
Strauß, Dav. Friedr. 59. (geb. 1808.)
Striker, der 5. (um 1230.)
Striker (Stricerius), Joh. 13. (um 1580.)
Sturm, Christoph Christian 38. (1740—86.)
Sturz, Helfr. Peter 37. (1736—79.)
Suchenwirt, Peter 8. (um 1400.)
Sulzer, Joh. Georg 27. 34. (1720—79.)
Suso, Heinrich 7. (um 1340.)

Tanhuser, der 6. (um 1300.)
Tauler, Joh. 7. (1294—1361.)
Tennemann, Wilh. Gottlieb 47. (1761—1819.)
Tersteegen, Gerhard 26. (1697—1769.)
Theremin, Franz 55. (1783—1846.)
Thomasin von Zerkläre 5. (um 1216.)
Thomasius, Christian 22. (1655—1728.)
Thümmel, Moritz Aug. von 32. 43. (1738—1817.)
Tied, Ludw. 44. 45. 46. 47. 48. 49. 50. 52. 53. 54. 55. 56. 57. 59. 60. (1773—1853.)
Liebe, Joh. Friedr. 34. (1732—95.)
Liedge, Christoph Aug. 48. (1752—1840.)
Trimberg, Hugo von 6. (um 1300.)
Tscherning, Andreas 16. (1611—59.)
Tschudi, Aegidius 12. (1505—72.)
Turmmayr, Joh. 10. 11. (1477—1534.)
Twinger von Königshofen 8. (um 1400.)
Tzschirner, Heinr. Gottlieb 53. (1778—1828.)

Uhland, Ludw. 53. 54. 55. 61. (1787—1862.)
Ulfila, Bischof der Westgothen 1. († 388.)
Uz, Joh. Peter 26. 27. 28. 29. 31. (1720—96.)

Varnhagen v. Ense, Karl Aug. 58. 60. (1785—1858.)

Veldeke, Heinrich von 4. (um 1175.)
Bintler, Conrad 8. (um 1410.)
Bischer, Fr. v. 61. (geb. 1807.)
Voigt, Johannes 5. (1786—1863.)
Voß, Joh. Heinr. 36. 38. 39. 40. 42. 43. 44. 45. 46. 47. 49. 50. 56. (1751—1826.)
Wachsmuth, Wilh. 60. (1784—1866.)
Wackenroder, Wilh. Heinr. 46. 47. (1772—98.)
Wagner, Ernst 50. 51. (1768—1812.)
Balbis, Burkard 12. (um 1550.)
Walther von der Vogelweide 5. (um 1200.)
Weber, Veit 2. (um 1475.)
Wedherlin, Georg Rudolf 14. 15. 16. (1584 — um 1651.)
Weichmann 24. (um 1730.)
Weigel, Valentin 12. (1533—88.)
Weise, Christian 20. 21. 22. (1642—1708.)
Weiße, Christian Felix 29. 30. 31. 33. 36. (1726—1804.)
Weiße, Michael 11. (um 1530.)
Werder, Dietrich v. dem 15. 17. (1584—1657.)
Werner, Zachar. 49. 51. 54. (1768—1823.)
Wernher, Mönch zu Tegernsee 4. (um 1170.)
Wernher, der Gartenäre 6. (um 1270.)
Weruicke, Christian 21. ca. (1660—1710.)
*Wessobrunner Gebet, das 2.
Widram, Georg 12. (um 1550.)
Wieland, Christoph Martin 29. 30. 31. 32. 33. 34. 35. 36. 37. 38. 39. 41. 43. 45. 46. 47. 51. (1733—1813.)
Wieland, Seb. 15. (um 1630.)
Willen, Friedr. 51. (1777—1841.)
Williram (Mönch zu Fulda) 3. († 1085.)
Windelmann, Joh. Joachim 30. 32. (1717—68.)
Winterstetten, Ulrich von 5. (um 1230.)
Wirnt von Gravenberg 5. (um 1210.)
Wislaw Fürst v. Rügen 6. (um 1300.)
Wolf, Friedr. Aug. 50. 51. 52. 53. (1759—1824.)
Wolff, Christian v. 23. 24. (1679—1754.)
Woltmann, Karl Ludw. 46. (1770—1817.)
Welzogen, Karoline von 16. (1753—1847.)
Wyle, Nicolaus von 9. (um 1475.)

Zacharia, Friedr. Wilh. 27. 29. (1726—77.)
Zedliz, Jos. v. 55. 58. (1790—1862.)
Zesen, Phil. v. 16. 17. 19. 21. (1619—89.)
Zethzhofen, Ulrich von 5. (um 1195.)
Ziegler und Kliphausen, Hans Anselm von 22. (1653—90.)
Zimmermann, Joh. Georg 30. (1728—95.)
Zinkgref, Jul. Wilh. 12. 15. (1591—1635.)
Zinzendorf 25. (1700—60.)
Zollikofer, Georg Joach. 33. 40. (1730—88.)
Zschokke, Heinrich 58. (1771—1848.)
*Züricher Verein, der 24.
Zwingli 10. (1484—1531.)